今までの服がなんだか似合わないんですが、こんな私でもどうにかなりますか？

パーソナルスタイリスト　田部晴香　著
イラスト・漫画　yopipi

KADOKAWA

はじめに

はじめまして。私はアラフォー世代専門のパーソナルスタイリストとして活動しているharukaこと田部晴香と申します。現在39歳、小学生の娘を絶賛子育て中のアラフォー世代のママです。

子育ての傍ら、おしゃれを学ぶオンラインスクール「Osyare ACADEMY®」を運営しています。卒業生は300人以上にのぼり、これまでたくさんのおしゃれ迷子さんの悩みを聞いてきました。

その中でよくいただくお悩みの第1位が、

「アラフォーになって服がなんだか似合わなくなった」です。

なぜアラフォー世代の女性は「服が似合わなくなった」と感じるのでしょうか。

それはアラフォーになると妊娠・出産・子育てを経る人も多く、環境や体形が変わり以前の服に違和感を覚えるようになるからだと思うのです。

「産後、体形が大きく変化し、以前の服が何もかも似合わなくなった」「子どもとレジャーや公園に行くようなカジュアルな服の着こなし方がわからない」「子育てや家事、仕事で忙しく雑誌やお店を見なくなり、今何が流行っているか全くわからない」そんな悩みを抱えて、だんだんおしゃれから遠のき、いつしか服を選ぶのが苦痛になっていき「おしゃれスランプ」に陥ってしまうのです。

でも「私にはセンスがないから」「産後太っちゃったから」「もうおばさんだし……」と諦めないで！

おしゃれに特別なセンスは不要です。

必要なのは「おしゃれの基本」を学び行動に移すこと。

そしてトライ&エラーをやめないことです。
おしゃれになりたい！　もう一度おしゃれを楽しみたい！
その気持ちさえあれば何歳からでもおしゃれになれると断言します。

本書は難解なものと思える「おしゃれ」を写真やイラスト、そしてコミックを使って
わかりやすく解説したおしゃれの入門書です。

この本が少しでもおしゃれに悩むあなたのお役に立てれば幸いです。

この本の使い方

**やることは、たったの3つ（3Step）！
あとはおしゃれの3つのルールを押さえれば、
誰でもおしゃれになれます！**

下記のStepやルール以外にも、たくさんのコーデ例が載っているので参考にしてください！

すぐに取り入れられる
簡単なルールです。

**おしゃれが楽しくなる!!
毎日がポジティブに！**

Contents

Chapter 4

カジュアルがなんか変なんです
～コーデのお悩み解決編～

Chapter

1

私なんかがおしゃれしていいの？

〜マインド編〜

この章ではこんなことが学べます！


以前はおしゃれをするのが楽しかったはずなのに、子育てや仕事で忙しくて、ママだから、おしゃれするのは気が引ける、センスないし……。

そんなおしゃれ迷子の人は、まずネガティブマインドをポジティブマインドに転換しましょう。

自分の「好き」の気持ちを取り戻す方法をお教えします。

コラ〜ッ
まちなさいっ
私はアラフォーのワーキングマザーA子です。私の毎日はとにかく忙しい
前見て前!!!
すみませんっ
あらあら
ボー
朝の風景
送迎
食事
ブー
えー
ハァハァ
シャーッ
怒濤の出勤
夜の風景
駆け込みのお迎え
あと5分!
ダダダダ
買い出し夕食準備
アハハハ
体ふきなさいっ
入浴〜就寝準備
イヤッ
ぐぬぬ
キャッキャッ
寝かしつけからの気絶的就寝
あ〜PTAのメール返しとかなきゃ…
すう〜
でも眠りは浅く疲れが取れない
休日も溜まった家事や用事で忙しく……
あっもうケンカやめなさいっ
ギャーギャー
怒濤のタスクをこなしまくるトライアスロンなエブリデイ★

ある日の夕方
せんせいさようなら〜
バイバーイ
お迎え来たよ〜
まにあった〜
ハァハァ
○○ちゃーん
ママ〜〜
あ、○○ちゃんママ！
あっお疲れ様です〜
さようなら〜また明日ね
シュッとしてる
ポーッ
○○ちゃんママっていつもおしゃれだよなぁ
トボトボ
私と違って背もすらりとして痩せてるし……
何着てもおしゃれに着こなせていいなぁ
自虐モード
私は産後太っちゃったし背も低めだから
いつもなんか決まらないし
そもそも子どもがいると汚されるの気になるから……
今日も全身黒ずくめ
つい暗い色とか汚れてもいい服着ちゃうんだよね
地味色エブリデイ

帰宅後
そういえば最近同じものばっか着てるなあ
まあ……毎日忙しいし しょうがない……
ぐるぐる…
ママぁ〜〜！
はっ
どうしたの？
トイレ行く〜
わーハイハイ
こうしていつも自分のことは後回しに
お先に失礼しま〜す！
A子さん お疲れ様です〜
今日はお迎えはパパだし
ウキ
ウキ
♪
ちょっとショップでも覗いてみよっかな〜♪
あっこれ かわいい〜
new arrival
ハッ
でもこれ何と合う？
私の体形だと似合わないかも
どうせ汚れちゃうし いつ着るの？
スッ
リリース
ちょっと待って！
えっ!?

この服、サイズはLサイズにして前だけインすれば、今はいてるパンツに合って
きっとお似合いになるよ！
バーン
誰!?
同じ保育園ですよね♡
あっ○○ちゃんママ〜！
あのキレイな…！
ウフフ
今トップスを戻そうとしてるの見て似合いそうなのにもったいないな〜と思って
はずかしっ
だってこの年だし私細くないしっ
年齢も体形も関係ないよ！
おしゃれは楽しむものだから
おしゃれを楽しむ？私背が低いし、太ってるし
それに「私なんかがおしゃれしていいの？」と思ってしまって……
ブンブン
大丈夫！
全ての女性は必ずおしゃれになるから！
ええっホント!?
ちょ、そこもっと詳しく教えてくれないかな？
もちろん！
実は私、アラフォー専門スタイリストとしてお悩みを解決するお手伝いをしているの
よかったら一緒におしゃれの基本を勉強してみない？
私なんかでも変われるかな？
ドキドキ
よろしくお願いいたしますっ！
こうしてA子は『おしゃれの学び』に一歩踏み出すのだった

おしゃれの優先順位が下がり、どんな服装をしたいのかがわからない！

アラフォー世代は、仕事や子育てで毎日忙しく、なかなか自分に目を向ける時間が取りにくいため、おしゃれについては二の次、三の次になってしまいますよね。特に産後はおしゃれから遠ざかってしまい、何を着たらいいのかわからない……、そもそも自分はどんなテイストの服が好きだったかも思い出せなくなってしまっている……。そうなると、もう全てが面倒になってしまい、おしゃれの優先順位がどんどん下がってとりあえずこれでいいか……というような地味な服ばかりに。

おしゃれの優先順位が下がっている人は、自分自身の優先順位が下がっているということ。そんな人は、まずは自分の「好き」を思い出すことから始めてみませんか？

もう何年も手に取ってこなかったファッション誌をめくって、まずは「こんな服装って素敵！」「こんな色合わせおしゃれ！」と心が動くものを見つけてみましょう。「私なんかに似合うわけない……」「モデルだから素敵なんでしょ」という気持ちはいったん置いておいて（お気持ちは十分わかります！）、まずは「好き」という気持ちを呼び起こす練習と思ってやってみてください。

忙しくなかなか時間が取れないかもしれませんが、1日5分、それすら難しい人は3分でもOK。週末にまとめて時間を取っても大丈夫です。服じゃなく、インテリアや雑貨、コスメでもいいので、雑誌やSNSを見るようにして、「かわいいな」「素敵だな！」と素直に感じていた昔の気持ちを思い出してブックマークしたり切り抜いたりしてみてください。

自分の「好き」が見えてくることで、ワクワク感もアップし自分がなりたい姿や、おしゃれの方向性が見えてきますよ。

ママはおしゃれしてはいけない？

「母親なのにおしゃれすることに抵抗がある」これはお子さんを持つ受講生の多くから上がった声です。こういった声の裏には、「子どもにお金がかかるのに自分の服にお金をかけていいのだろうか」「ママは地味でいないといけないのでは……」という気持ちが隠れていると思います。

また、子どもの学校関連の付き合いの中では「○○ちゃんのママ」と言われることもあって、自分は子どもの脇役では……と思ってしまうこともあるかもしれません。でもママであってもひとりの女性であり、ひとりの個性を持った人間です。自分らしさを表現しながらおしゃれする権利はあるはずです。

おしゃれは自分が自分らしくいるための1つの方法。子育てでどうせ汚れるから、どうでもいい服を着て、自分なんて……という気持ちになるより、少しでも気分の上がる好きな服を着て笑顔でいるほうが家族の笑顔も増えるのではないでしょうか。

私が、子どもがまだ2歳くらいの頃、パリとロンドンに仕事で訪れた際の話です。当時絶賛「母親呪縛」にかかっていた私は、現地のママのファッションに衝撃を受けました。ロングコートを羽織り、ハットにサングラス、ロングブーツを履いて颯爽とバギーを押し、楽しそうにショッピング！　日本の母親像と全く違うその姿は「ママだけど私は私」と胸を張って自分らしくおしゃれを楽しんでいて、ママでもおしゃれしてもいいんだ……とワクワクした気持ちを今でも鮮明に覚えています。

もちろん実際の子育て中は、そんな服装は現実的ではないときがあるのは確かですが勇気を出して、「ママ」のあなたではなく、あなた自身が喜ぶお洋服を1枚選んでみることから始めませんか？　その1枚があなたの背中をそっと押してくれるかもしれません。

おしゃれが楽しくない、センスがない

「20代の頃は、おしゃれが楽しかったのに、今はおしゃれが楽しめない」「昔はもっとコーディネートを考えるのが好きだったのに、最近はいつも同じような格好をしてしまう」という方は多いのではないでしょうか。

以前に比べて、おしゃれが楽しくなくなった原因の1つに、体形の変化が考えられます。年齢を重ねたり、出産を経験したりすると、どうしてもウエストやヒップ周りのもたつきが気になったり、バストが下がったりという変化を感じますよね。鏡の前に立つと、若い頃に着ていたシルエットと違っていてショック！　もう何を着ても似合わない

のでは……、と思うようになり、ますますおしゃれから遠ざかってしまう……。

しかしこれは「服が似合わなくなった」のではなく「似合う服が変わった」だけ。体形の変化とともに似合う服も変化するのは当然のことです。

世の中にはさまざまなデザイン、サイズの服があり、今のあなたをより美しく見せる服は必ず見つかります。まずは自分の「好き」を見つけて、「似合う」との交差点を探ることが自分らしくいられるおしゃれの鍵になるのです。

また「おしゃれは持って生まれたセンスで決まる」と思い込み、自分にはセンスがないからおしゃれが苦手という方も多くいらっしゃいます。

しかしコーディネートが不得意でも、おしゃれのルール（56ページ参照）を学ぶことで誰でもおしゃれのコツをつかむことができます。おしゃれのルールがわかればあとは、ルールに沿ってコーディネートを考えて実践するのみ。

反復練習のように実践することで、おしゃれセンスは磨かれていきますよ。

「おしゃれに悩んでいる」なんて恥ずかしくて言えない

友人に子育てや仕事の相談はできても、おしゃれについて真剣に悩んでいるなんてことは誰にも言えない……と悩みを抱え込んでいませんか？　原因は主に2つあります。

1つ目はおしゃれは生まれつきセンスがいい人だけが楽しめるものだという誤解があるからです。私はそもそも生まれつきセンスがいい人はいないと思っています。料理がいい例で、誰でも生まれつき料理上手というわけではないですよね。レシピをマネして作ったり、人からコツを教わったりして調理法を学び、失敗をしても修正してどんどん上達していきます。おしゃれも同様に、学び、トライ&エラーを繰り返すことで、上手

になっていくもの。誰でも最初はおしゃれ初心者なのです。

2つ目の原因は「そんなくだらないことで悩んでいるの？」と思われるのではという考えです。しかし女性にとって「外見の悩み」は何歳になっても、メンタルに大きな影響を及ぼします。

以前、私のもとにカラー診断とショッピング同行のため、娘さんと来てくださった50代のお客様がいました。更年期の症状があり、気分の落ち込みが激しく少しでも気晴らしになったら、という娘さんの気配りでした。はじめはうつむき加減で目も合いませんでしたが、メイクをしていくうちに「このリップの色似合うわ！」と鏡を覗き込み、どんどん表情が明るくなって……。その後のショッピングでは「これもあれも着てみたい！」と目をキラキラさせながらたくさん試着され、最後は「楽しかった～！」と来たときとは別人のような晴れやかなお顔でお帰りになった姿を見て、涙が出たのを覚えています。

おしゃれに悩むことは恥ずかしいことでも、くだらないことでもありません。まずはこの本でおしゃれのコツをつかんで一歩踏み出してみましょう！

Step 1

自分の「好き」を思い出す

ビジョンマップを作ろう

おしゃれを始める前に、まずは、自分がどんなものが好きなのかを思い出しましょう。

▼ オフィスシーンが多い人の場合

ビジョンマップは、自分の「好き」な写真を台紙に貼り付けたものです。洋服でもインテリアでもお花でもお菓子でも、何でも好きなものを貼ってみましょう

▼ カジュアルが好きな人の場合

▼ ベーシックカラーが好きな人の場合

その人その人の個性が出ます

ビジョンマップはココがポイント！

1 自分の「好き」を可視化できて、おしゃれのイメージがしやすくなる！

自分が好きなテイストのものを写真やイラストで探して、貼っておくことで、頭で考えたことがクリアになり、自分のおしゃれの指針になります。

2 「かわいい！」「きれい！」「素敵！」と感じるものが目に入るだけでモチベーションがアップ！

かわいいものや自分の好きなものがそばにあると、やはり嬉しいもの！　目につくところに貼っておくと、ワクワクした気持ちになるはず！

3 コーディネートの見本帖になる

コーディネートに迷ったときにビジョンマップを見てみると、ヒントになる着こなしのコツがわかります。お手本にしてマネしてもOK！

4 クローゼットの断捨離にも役立つ！

ビジョンマップは理想なので、クローゼットの中とギャップがある場合、その服は手放す基準の1つにもなります。

日々の子育て、家事、仕事などに追われているうちに、自分が好きなものがわからなくなってしまったというアラフォーの方は多いと思います。まずは自分の「好き」という気持ちを呼び起こして、「好き」を可視化できるビジョンマップを作るのがおすすめ。ビジョンマップにはこれが正解というものも、こうしなければいけないということもありません！　楽しみながらどんどん自分の「好き」を貼っていってください。そうすることで、自分がなりたいおしゃれの方向性がだんだん明確になってきます。

ときめきがポイントに！

ビジョンマップの作り方・使い方

ビジョンマップ作りに大切なのは、あなたのワクワクやときめきです。自分の好きなものをどんどん貼っていきましょう。

用意するもの

- 雑誌、カタログ
- ハサミ、カッターナイフ
- B4くらいの大きさの厚紙や台紙（厚めがおすすめ）
- のり、セロハンテープ

1 雑誌を数冊買う

「素敵だな」「こんな女性になりたい」と思う雑誌を数冊選んでみましょう。カタログなどでもOKです！　おしゃれ迷子の人は「あか抜けている女性になりたい」「やりすぎないおしゃれ感を出したい」など理想を感覚で捉えている人が多いので、可視化して明確にすることが大切です。

お気に入りのSNSなどをスクショして、保存しておいてもいいです！

2 ピンとくるものをどんどん切り抜く

コーデ以外でもインテリアやコスメでも何でもOK。いいなあと思ったらどんどん切り抜いていきましょう。「私には似合わないかも」「着るのは難しそう」など深く考えなくて大丈夫。
思いのまま、好きなものを切り抜くのがポイントです。この作業をすることで、自分の中の「好き」という感情を呼び起こすことができます。どんな服を着てどんなメイクをしてどんな女性でありたいかを想像しながら、作業してみてください。

3 台紙に自由に貼っていく

切り抜いた写真を用意した台紙に貼っていきましょう。貼り方は基本、自由です。会社に行くとき、子どもと公園に行くとき、ママ友とランチに行くときなどシーン別に分けたり、色別に分けたり、アイテム別に貼ってもOKです。

ビジョンマップ完成

4 ビジョンマップが完成したら、傾向をつかむ

完成したら、どんなアイテムやテイスト、色が多いか見てみましょう。「いつもダーク系の服が多いのにパステルカラーが意外と多い！」とか「パンツスタイルが好きなのかも」「カジュアルテイストが多い」など、作ったビジョンマップから傾向をつかみましょう。

5 クローゼットの扉の内側などの目につくところに貼っておく

完成したビジョンマップを、いつも服を選ぶときに目につく場所に貼っておきます。ビジョンマップは自分のなりたい理想をビジュアル化しているので、クローゼットを開くたびに、忘れかけていた自分の好きをしっかり浸透させることができます。

自分のクローゼットとなりたい理想像のギャップがわかります！
自分のファッションに何が足りないか、明確になりますよ！

6 ビジョンマップに沿ってアイテムを揃えたり、コーデの参考にしたりする

ビジョンマップとクローゼットにあるものを比べると、次のお買い物の計画を立てやすくなります。また、服を選ぶときにビジョンマップのコーデを参考にすると、なりたいイメージに近づくことができます。

Chapter

2

気がついたら、似合う服がわからない

～クローゼット編～

＼＼ この章ではこんなことが学べます！ //

「好き」を取り戻し、おしゃれに少しだけ前向きになったら、クローゼットを見直しましょう。

おしゃれ迷子の原因の9割はクローゼットにあり！ と言われるくらいです。

まずはどうしてクローゼットが大切かを知って、ちょっとだけ面倒だけど、クローゼットの整理をしておしゃれの第一歩を踏み出す方法を教えます。

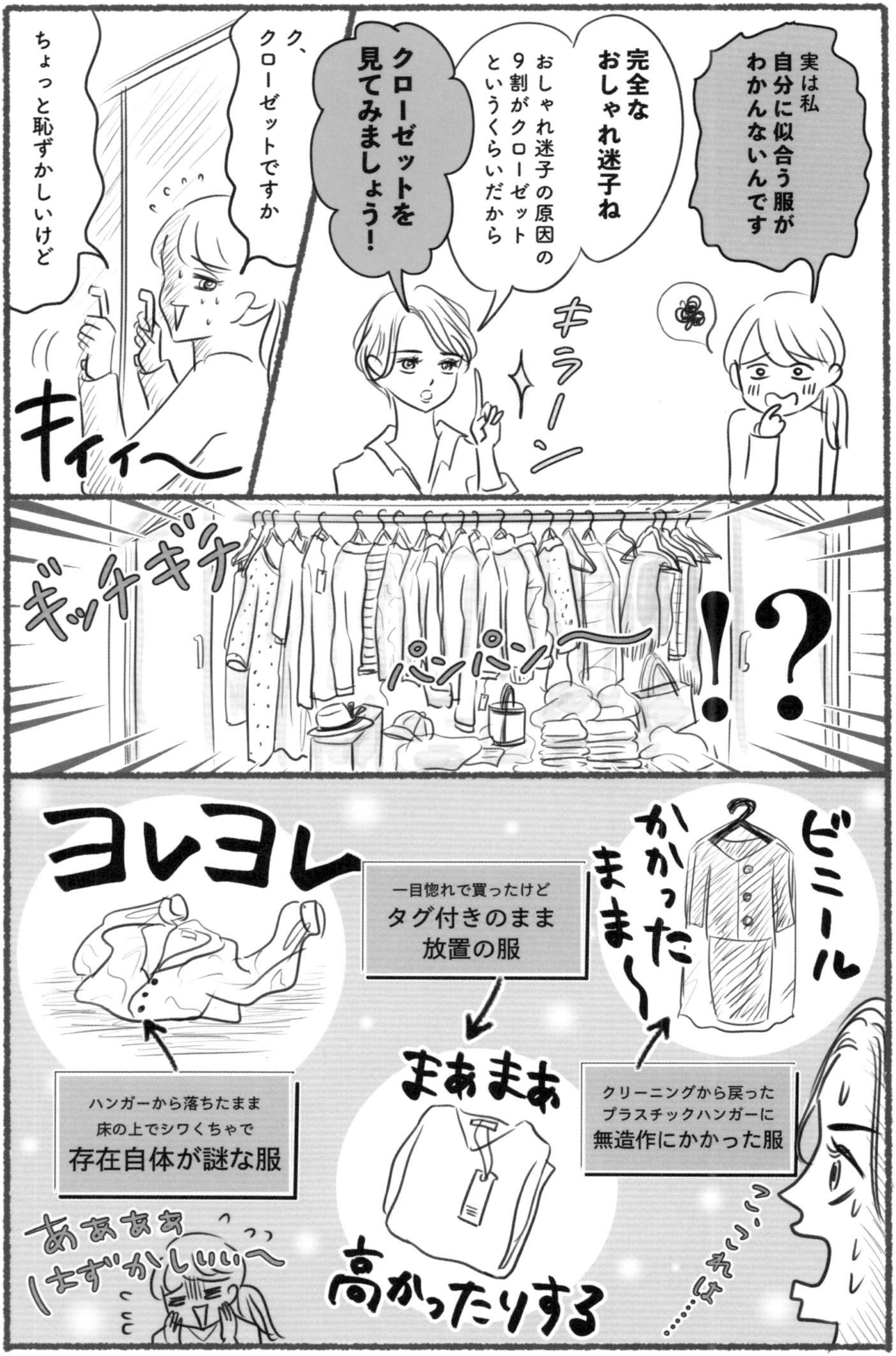

実は私
自分に似合う服が
わかんないんです
完全な
おしゃれ迷子ね
おしゃれ迷子の原因の
9割がクローゼット
というくらいだから
キラーン
クローゼットを
見てみましょう!
ク、
クローゼットですか
ちょっと恥ずかしいけど
キィィ〜
ギッチギチ
パンパン〜
!?
ビニール
かかったまま〜
一目惚れで買ったけど
タグ付きのまま
放置の服
ヨレヨレ
まあまあ
高かったりする
クリーニングから戻った
プラスチックハンガーに
無造作にかかった服
ハンガーから落ちたまま
床の上でシワクチャで
存在自体が謎な服
ここ これは……
ああああ
はずかしいい〜

私、服はあることはあるんだけど、
なぜか着たい服がないんですよね……
はて
こんなんあったっけ
ウンウン
うんそうよね そういう女性多いわよね
私にセンスがないからかと
そんなことないのよ～
クローゼットはお料理でいう『冷蔵庫』みたいな存在なの
どんな食材が家にあるか知ってないと
レシピが思いつかないでしょ？
パン粉
玉ねぎ
ひき肉
ハンバーグ
まずは手持ちの材料を把握することが大事だよ！
ほほ～
なるほど～
ただ買ったものをしまう場所じゃないのか……
ポム
そりゃ今の私じゃ「コーデ」なんて思い浮かばないよなあ～★
納得

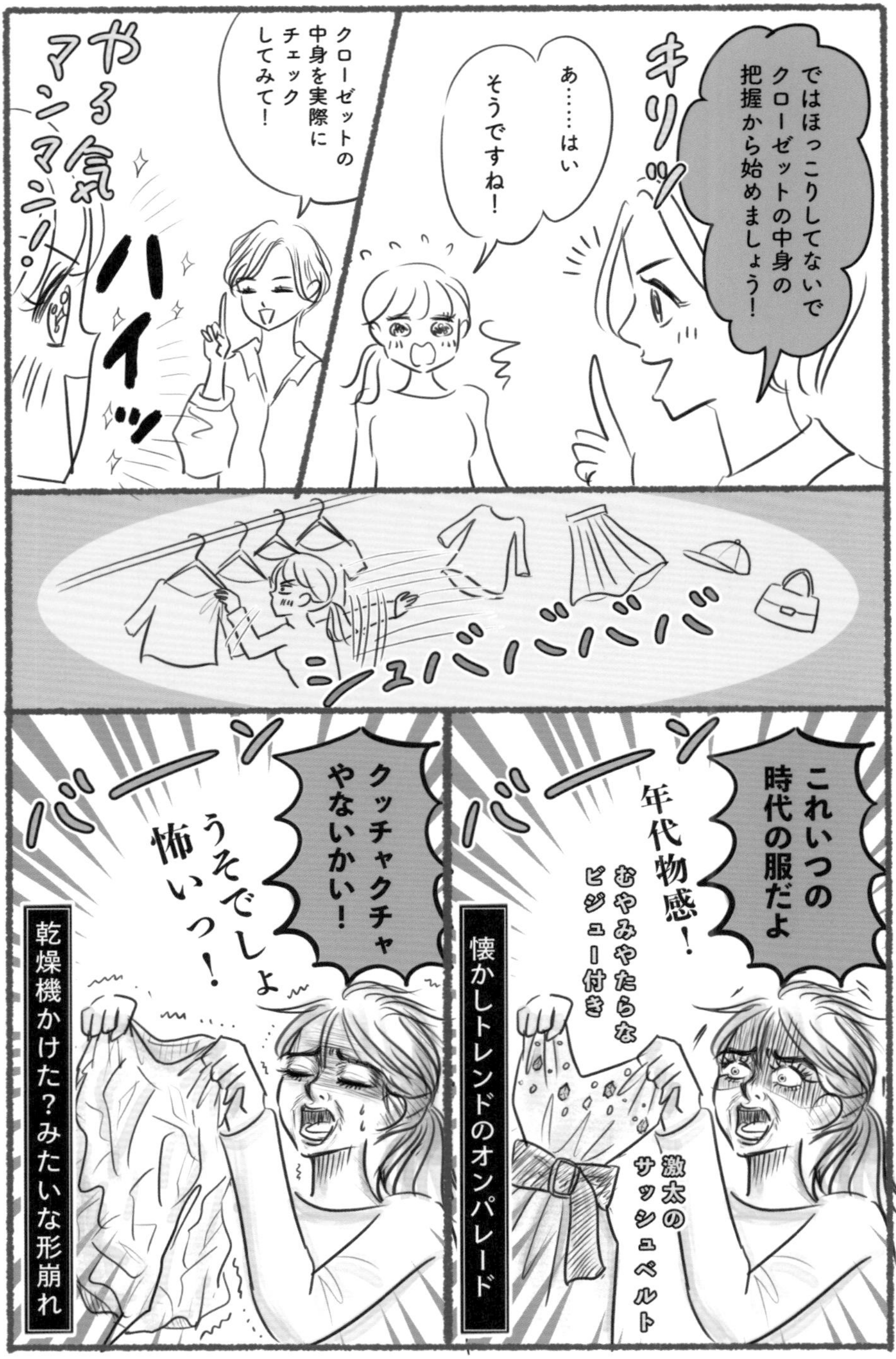
キリッ
ではほっこりしてないで
クローゼットの中身の
把握から始めましょう！
あ……はい
そうですね！
クローゼットの
中身を実際に
チェック
してみて！
ハイッ
やる気マンマン
シュババババ
バーン
これいつの
時代の服だよ
年代物感！
むやみやたらな
ビジュー付き
激太の
サッシュベルト
懐かしトレンドのオンパレード
バーン
クッチャクチャ
やないかい！
うそでしょ
怖いっ！
乾燥機かけた？みたいな形崩れ

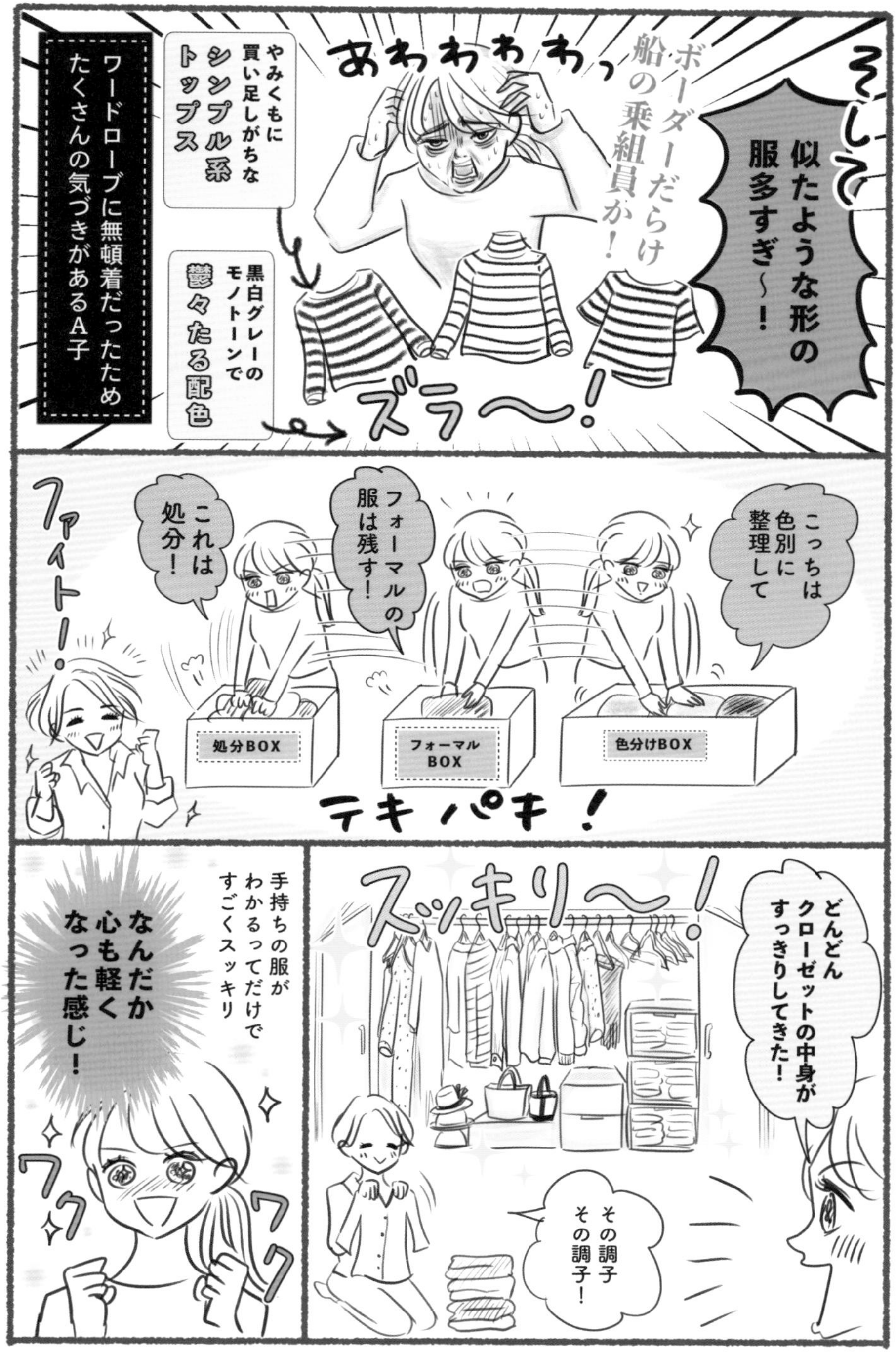
そして
似たような形の服多すぎ〜！
ボーダーだらけ船の乗組員か！
あわわわわっ
やみくもに買い足しがちなシンプル系トップス
黒白グレーのモノトーンで鬱々たる配色
ワードローブに無頓着だったためたくさんの気づきがあるA子
ズラ〜！
こっちは色別に整理して
フォーマルの服は残す！
これは処分！
ファイトー！
処分BOX
フォーマルBOX
色分けBOX
テキパキ！
どんどんクローゼットの中身がすっきりしてきた！
スッキリ〜！
その調子その調子！
手持ちの服がわかるってだけですごくスッキリ
なんだか心も軽くなった感じ！
ワクワク

クローゼットは「あなたの心を映す鏡」

「服はあるけど着たい服がない！」と、お店へ駆け込んでとりあえずよさそうな服を数枚……と、無計画にお買い物をしてしまっていませんか？

まずはクローゼットの前に立ち、扉を開けてみてください。どんな光景が広がっていますか？　服が溢れ、ハンガーから落ちてしまっている服がある、買ったけど全然着てない服や、いつ買ったかも思い出せない古い服がある、なんてことになっていませんか？

私はクローゼットはただ服をしまう場所ではなく、「あなたの心を映す鏡」だと考えています。服で溢れかえっていれば、普段から考えることが多く、思考がこんがらがってしまって、頭の中の整理ができていないかもしれません。買ったまま放置された服があれば、日々のフラストレーションが溜まっているのかも。

クローゼットを見直すことは「自分は今どんな精神状態なのか」を知る第一歩になります。散らかったクローゼットを前にすると、目をそらしたくなりますが、今の自分の状態を責めたり否定したりせずに、まずは認めてあげてほしいなと思います。「仕事頑張っているよね、子育て大変だよね」と自分に声をかけてあげるようなイメージです。

そうなってしまったのは、自分自身に向き合う時間もないほど、あなたは日々頑張っているからです。

そこから自分がどんな服を何枚持っているのかを把握し、1つずつ整理していけば大丈夫！　あか抜けたいけど何から手をつけたらいいかわからない！　という人ほど、まずは焦らずクローゼットの状態を見て、自分の現在地を確かめてみることから始めませんか？

そうすることで、自然と自分自身と向き合う時間を作ることになり、自分がどんなおしゃれがしたいかが見えてくるはずです。

服への扱いは自分への扱い

クローゼットの中の服の状態も見てみましょう。適当なハンガーにかけた形崩れしたニットやぎゅうぎゅうのクローゼットでシワシワになってしまったブラウス、襟元が黄ばんだTシャツなどはありませんか？

こんな服が多い人は要注意。実は服の状態で、自分への意識の向け方がわかります。くたびれた服が多いほど「自分なんてどうせ……」と自己肯定感が下がっている可能性があるのです。

常に身に着けている服は自分の分身のような存在なので、服がシワシワでくしゃくしゃな状態だったり、汚れていたり、毛玉だらけだったりするということは、自分に対しても同じように雑に扱っているということになります。

日々忙しくて手入れをする時間がなかなか取れないのは痛いほどよくわかります。で

すが、セルフケアという意味でもお洋服に対して少しでもいいので愛情を向けてみてください。

例えば、プラスチックや針金のハンガーから、服のサイズに合った滑り落ちないハンガーに替える、帰宅したら1分でもいいのでコートやニットにブラシをかける、洗濯するときはネットに入れるなど、ほんの少し手間をかけてみてください。

自分のためにお手入れをした服を着ていると、不思議と自分を丁寧に扱っている気持ちにもなりますし、お洋服にも愛着が湧きます。また、服はお手入れすればするほどきれいな状態で長持ちするので買い替える頻度も少なくなります。

新しい服を買うこともよいですが、今クローゼットにある服を大切に扱うことで、この服でもっといろいろなコーディネートがしたい！　という気持ちも高まりますよ。

どうでもいい服があなたをダサくさせる

　子育て中の場合、子どもの世話をしたり、一緒に遊んだりしていると、服はどうしても汚れたり伸びたりしてしまいますよね。「どうせ汚されるのだから、着古したものでいい」「汚れが目立ちにくい、黒かネイビーしか着られない」というマイナスな気持ちで服選びをしている人は多いのではないでしょうか？

　そんな服選びを続けていると、自己肯定感も下がり、同じような服や組み合わせばかりになってマンネリになりがちです。さらにコーデがマンネリになると気持ちは上がらず、「私なんておしゃれしても仕方ない」という負のループに。

　私も子どもがまだ乳児のときは、洗えるボーダーTシャツとデニムにパーカを羽織ってというほぼ毎日同じような格好で、児童館で過ごし、「どうせ私なんて誰も見てない」と完全に投げやりになっていました。そんなある日、コンビニで手に取った雑誌の華や

かな春カラーニット特集を見て「こんなかわいい色着てみたい！」と久しぶりに心が動いたのを感じ、いかに自分が心に蓋をしてきたかを知ったのです。

確かに育児をしていると汚れは気になりますが、今は洗濯機で丸洗いできるニットやアイロンをかけなくてもパリッとする形状記憶のシャツなど機能素材のアイテムがたくさんあります。そういったものをうまく活用し、いつもなら手に取らないアイテムや明るい色にチャレンジしてみませんか？　色やアイテムの選択肢が増えるとコーデのマンネリを打破できますし、なにより「自分が着たいから着るんだ！」という意思を持った服選びは自分に自信を与えます。

子どもと思いっきり遊べる、汚れてもいい服ももちろんあっていいのですが、**たまには汚れたら洗えばよいと割り切って、自分が本当に着たい服を着るようにしてほしいです。**そうして「自分軸の服選び」をしていくうちにおしゃれが楽しめるようになってきますよ。

服のシワがあなたを老けさせる

いくら最新の服を着ていても、シワシワの状態ではくたびれた印象になってしまいます。特に肌のハリがなくなってくるアラフォー世代は、シワのついた服でさらに5歳老けて見えます。面倒かもしれませんが、シワがついたときは出かける前にスチームアイロンをさっとかける習慣をつけましょう。スチームアイロンはわざわざアイロン台を出さなくてもいいので、忙しい人におすすめです。シワがピンと伸び、気持ちもシャキッとします。

その時間もなかなか取れない人は、なるべく防シワ加工のシャツやパンツを選びましょう。特にデスクワークが多い人や抱っこ紐期のお子さんのママにおすすめです。アラフォーからはちょっとした服のお手入れで着こなしに差がつきます。

タグ付きの服は、欲求不満の証拠

今までたくさんのおしゃれ迷子のクローゼットを見てきましたが、かなりの人が「ほぼ着ていない服」を持て余していました。

そんな服が多い人は、服を買うという行為でフラストレーションを解消しているのかもしれません。結局着こなし方がわからず放置、そしてまた衝動買いをしてしまう負のループ。また、自分に自信が持てないといろいろな情報に振り回されてしまい、自分がどんな服を着たいのかを見失ってしまいがちです。

着ていない服から目を背けたくなりますが、残していても自己嫌悪の気持ちが湧いてくるだけ。タグ付きの着ていない服は思い切って処分して、本当に必要な服のみを残すようにしてみてください。もったいない……と思うかもしれませんが、執着を手放してみると驚くほどすっきりとした気持ちになれます。

ぱんぱんのクローゼットが朝のタイムロスに！

朝は分刻みでばたばたの人が多いですよね。子どものお弁当作りや着替えを手伝っていたら自分の支度をする時間がない！　なんてことは日常茶飯事かと思います。自分の準備の時間がなくなり、目についた服をとりあえず着て今日もまたテンションの上がらないコーデに……。

これは朝忙しいからというだけでなく、実はクローゼットの整理ができていないのも原因のひとつです。朝着るものがない！　と悩む人は、自分がどんなアイテムを何枚持っているかを把握していない場合が多いです。

想像してみてください。冷蔵庫の中身がさまざまな食材で溢れ、奥のほうは何が入っているかわからない。「さぁ10分で料理してください！」と言われたら頭がこんがらがるはずです。

それと同様、ぱんぱんのクローゼットの前で「着たい服がない！」とパニックになるのは当たり前です。

朝の準備をスムーズにするためにも、まず「クローゼットの棚卸し」から始めることをおすすめします。クローゼットの棚卸しとは、断捨離をどんどんするということではなく、クローゼットにどんなデザインの服が何枚あるか確認することです。手持ちの服を確認しつつ、どこに何があるかわかるようになっていれば、コーディネートしやすくなるはずです。46ページから見直し方法を詳しく解説しているので、参考にしてみてください。

見直しができたら、さらに朝の支度をスムーズにするために「コーデの作り置き」をすることをおすすめします。靴やバッグも含めて4～5コーデほど作っておいて曜日でローテーションを組むと、朝何も考えることなくコーディネートができます。通勤用、子どもとのお出かけ用、雨の日用などシーンごとに考えたりしてもＯＫ！

気温に合わせて1ヶ月ずつ作り置きを更新していくとさらによいですね。

一生ものなんて存在しません

雑誌やＳＮＳで〝このシャツは定番で持っておくと間違いない〟とか〝〇〇のカシミアコートは一生もの〟という情報を目にすることはありませんか？

私はたとえラグジュアリーブランドの服であっても、一生ものは存在しないと考えています。

理由は２つあります。１つ目はどんな服でも色や形にトレンドが存在しているということです。「定番服」と呼ばれるシャツやデニムでさえ、時代の流れとともにサイズ感や丈感が少しずつ変わっていきます。だから定番といえども、数年経つと古い印象になったりします。私はよくコーディネートを料理にたとえますが、古い食材で料理しても美味しくはなりませんが、新鮮で旬な食材で料理すれば素人でもそれなりに美味しくなります。おしゃれも同様、いくら高価なものでも古いアイテムばかりだと新鮮味がなくあ

か抜けないコーディネートになってしまうのです。

2つ目は、アラフォー世代は体形やライフステージが大きく変化するときだからです。出産を経て体形が変化し数年前のお気に入りの服がしっくりこなくなっていたり、家族の都合に合わせて転居や転職をしたりして、交通手段が変わればその都度生活スタイルにマッチした洋服が必要になります。子育てシーンに合うような着こなしが必要になるのもこの世代ならではです。「一生もの！　と思って奮発して買った服を使うシーンがない……」と嘆く人は意外と多いのです。

もちろん毎年買い替えなくてはならない、ということではありませんが、シーズンごとに「古くなっていないかどうか」「生活スタイルにマッチしているかどうか」を見直すことは重要です。**アラフォー世代は一生ものに投資するより、今の自分に必要な服は何かを把握し、しっかりアップデートしていくことこそ賢くおしゃれになる秘訣なのです。**

Step 2

おしゃれ迷子の原因の9割!?

クローゼットを見直そう

コーディネートが苦手という人はクローゼットの棚卸しができていないことも。自分の今のクローゼットを見直して必要な服を取り出せるようにしましょう。

before

整理されていないクローゼット

ありがち〜！　服がぎゅうぎゅうに詰まっている。服がしシワシワ〜。季節がバラバラに並んでいるし、ハンガーの種類もまちまち〜

after

自分が着たい服だけがあるクローゼット

・季節ごとアイテムごとにまとまっている
・色がグラデーションになっていて、組み合わせしやすい
・下にものが落ちていない
・余裕があるのでしわを防止
・ハンガーが統一されている

冬物やニットはボックスに立ててしまうと伸びないよ

クローゼットの見直しのポイント

1 アイテムを把握する

どんな服を何枚持っているか、把握しましょう。似たようなものを何枚も持っていたり、必要以上にストック買いしてしまったり、自分がつい買ってしまいがちな傾向がわかります。

2 服の賞味期限切れを知る

もったいないという気持ちやまだ着られると思っている服がたくさん眠っていませんか？　そういった服は賞味期限切れです。5年以上経ったものは思い切って処分しましょう。

3 要らない服を手放して クローゼットを新陳代謝させる

今の自分の体形や生活にクローゼットの服は合っているのか、定期的に確認することは大切です。不要な服をチェックして、クローゼットの鮮度を高めましょう。

4 ビジョンマップとのギャップを 認識する

ビジョンマップは理想のコーデやスタイルです。自分のクローゼットの中身とのギャップを知ることで、なりたい姿と現実がわかります。おしゃれ迷子の原因でもあるので、理想との違いをまずは認識することが大切です。

5 おしゃれのモチベーションをアップさせる

服がぱんぱんのクローゼットだと、どこに何があるかわからず、服を選ぶのが面倒になってきます。クローゼットを見直すことで、すっきり見やすくなり、コーディネートが楽しくなるはず！

どんな服が、何枚あるのか、どこに収納しているのか、がわからないとコーディネートできません。また、クローゼットがぱんぱんだと、せっかく買った服もシワシワになってしまって着たいと思ったときにすぐに着用できないことも……。まずは自分の服を把握するためにもクローゼットを見直しましょう。Step1で作ったビジョンマップをクローゼットに貼って、自分の理想のスタイルと今のクローゼットの中身を比較してどんなものを残して買い足すのかチェックしましょう。

クローゼットの見直し方

基本は、まずは全てのアイテムを一度取り出してみて現状把握を。そこから手放す服と残す服に分けて見やすいように収納しましょう。

1 クローゼットからまず一度全てのアイテムを取り出す

どんな服をどれくらい持っているかを把握するためにもクローゼットにある服を一度全て取り出してみましょう。一度にやるのが大変なら、クローゼットをゾーンで分けて、何日かかけてやってもOKです。
全部取り出してみることで、もう着ない服や傷んでいる服を見つけたり、デザインや色の好みの傾向に気づいたりすることができます。また思っていた以上に服の多さに気づく場合もあるので、次の手順で処分する服を決めるときも仕分けしやすくなります。

CHECK LIST

- □ 似たようなアイテムはいくつあるか
- □ どんな色が多いか
- □ 一度も着ていない服はないか

2 手放す服を決める

クローゼットから服を全部出したら、取っておくのか、手放すのか選別していきましょう。思い入れがある服や値段が高かったものはなかなか手放しにくいですが、下記の手放す条件をルールにしておくと、スムーズに進めることができます。迷ったときは一度鏡の前で着てみましょう。体形に合わなかったり、着るシーンやコーデが浮かばなかったりする場合は手放す服の対象となります。

手放す3大条件

1 着古して汚れや変色、毛玉が目立つもの

どんな素敵な服でも汚れや変色が目立ち、着古した状態では台無し。クリーニングやリペアでも復活しなければお気に入りであってもお疲れさまの気持ちと一緒に処分へ。思い切って手放しましょう。

2 購入してから5年以上経ったもの

購入して1～3年だと手放しにくいかもしれませんが、5年前のものなら、定番アイテムだとしても、丈やシルエットが今のトレンドと変わっています。また、5年も経つと自分の体形が変わっていてサイズが合わないことも。

3 昨シーズン一度も着ていないもの（靴やバッグもオケージョン以外）

代表的なものがセールで安かったから買った、そのときのノリで買った、ストックとして買ったというものが多いです。でも一年間なくても過ごせたのなら不要な服です。あまり着てなくてもったいないと思っても処分しましょう。

迷ったときはさらにこの条件で選別

1 ビジョンマップにあるアイテムと似ていないもの

Step1のビジョンマップを見てみましょう。ビジョンマップは自分がなりたいイメージなので、その写真と似たようなアイテムなら残してもいいですが、かけ離れているなら方向性が違っています。いろいろなテイストの服があると便利なように思えますが、好きなテイストでなければ着ないので、手放しましょう。

2 試着してもしっくりこないもの

手放すかどうか迷ったときは、一度試着してみましょう。ただ着るだけではなく必ず鏡でチェック。思ったより丈が短く感じたり、サイズがタイトに感じたり実際に袖を通さないとわからないことが多いです。ここでしっくりこなかったものは処分しましょう。

3 シーズン別、アイテム別にまとめる

残ったアイテムはまずシーズンごとに分けます。4シーズンで分けると整理しにくいので、春夏と秋冬に分けましょう。その後、それぞれをアイテムごとに分けます。そうすることで、アイテムの数を把握しやすく、足りない服もわかりやすくなります。

とりあえず保留BOXは作らない！　保留BOXは、手放す決断がしにくく、洋服が溜まる原因に。結局クローゼットのスペースも取ってしまうので、おすすめしません

クローゼットにしまうときの整理の仕方

・アイテムは色ごとにまとめておくと見やすい
・しわや型崩れしやすいので、アウターとボトムはハンギングが望ましい
・厚めのニットは伸びやすいのでハンギングせず畳んで収納する
・たたみで収納するときは襟のデザインがわかるように畳む
・ハンガーは統一するとすっきり

4 残した服でコーディネートを組んでみる

ビジョンマップに近いコーデをクローゼットの中のアイテムで組んでみましょう。
ネットなどのコーデを参考にして、1アイテムで3コーデできるか考えてみます。3コーデが思い浮かばず、着回すときに足りないアイテムが、新しく投入すべきアイテムです。買い物リストに入れておき、ショッピング計画を立てましょう。

最終的にクローゼットに残っている服が、今の自分が着ることができる服だけにしておくと、毎日のコーディネートがしやすくなります

Chapter

3

おしゃれな人って もともとセンスが あるんでしょ？

〜おしゃれはルール編〜

この章ではこんなことが学べます！


いざコーディネートするとなると、“わからない”“センスがないから無理”と思っている人は多いです。でも**たった3つのルールを押さえておけば誰でもおしゃれ**になれます。3つとも難しいことはありません。

手持ちの服でもすぐにできることばかりです。

コーディネート例の写真でさらにイメージを膨らませられます。

スッキリ〜！
はぁーやっと
クローゼットが
見やすくなった！
これで朝
着ていく服に
迷わないと思うよ
クローゼットが整ったはいいが
残った服で
おしゃれになれる
気がしない
センスのない
私なもんで。
ゴクリ
大丈夫！
手持ちの服でも
ちゃんとおしゃれに
なれるから！
キラーン
着こなしのルール
みたいなものさえ
知っていれば
誰でも
おしゃれに
なれるのよ！
ルールですか
おしゃれにルールが
あるとは……
今度レクチャー
するね♪
♪

後日改めてレクチャー開始
私思うんですけど
ずずいっ
おしゃれな人って
そもそも
生まれつき
センスが
いいよね？
私おしゃれは好きだったけど
もともとセンスがなくて
雑誌やインスタを
なんとなくマネしても
ジレコーデ
おばあちゃんの
チョッキコーデ？
……？
なんか違うの！
違和感なの！
あれれ
思てたんとちゃーう
おしゃれは
センスではなく
ルールよ！
グッ
ドーーン
ルール？なんか
難しそう
不安げ〜
簡単なので
安心して！

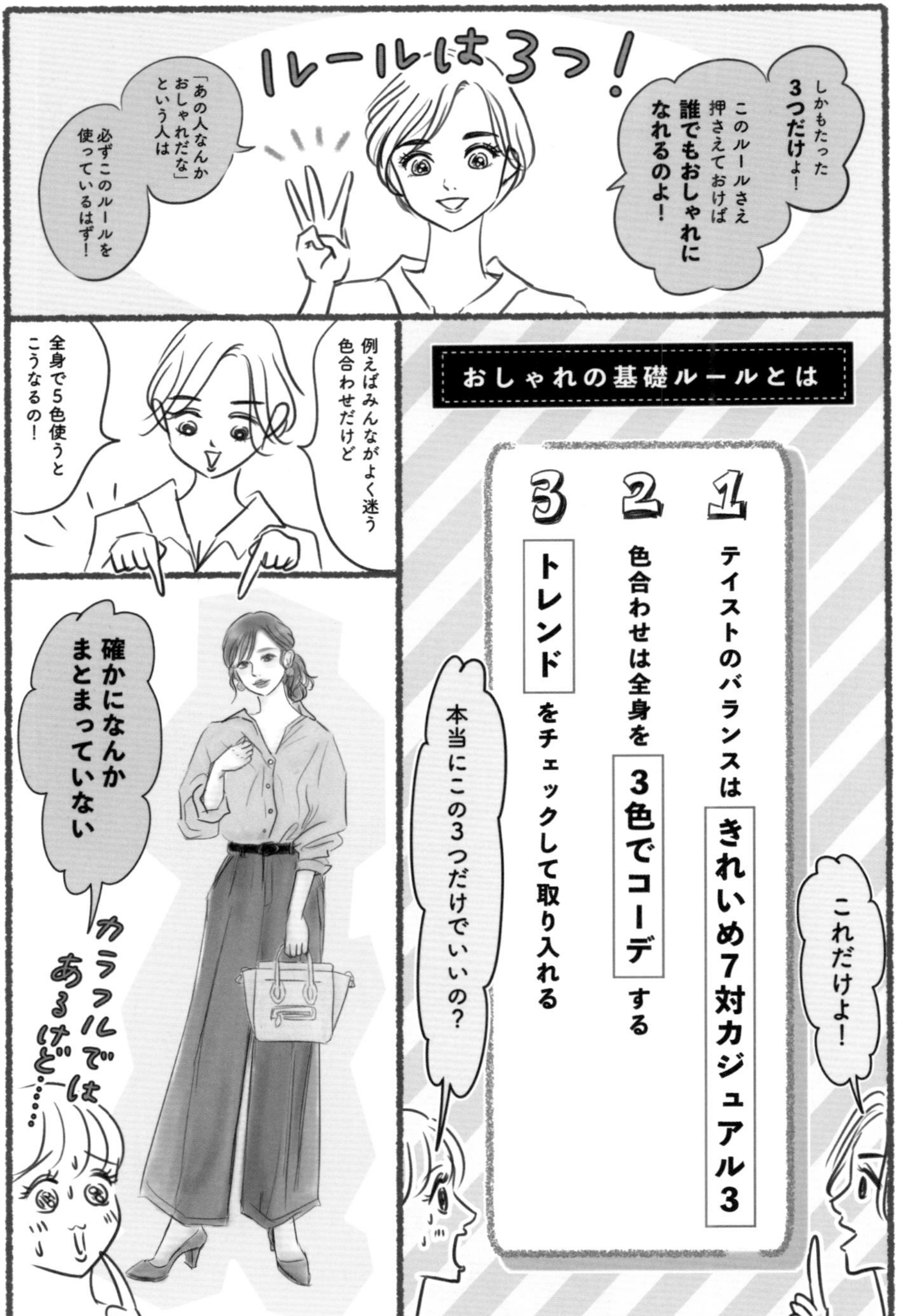

ルールは3っ!
しかもたった3つだけよ!
このルールさえ押さえておけば誰でもおしゃれになれるのよ!
「あの人なんかおしゃれだな」という人は必ずこのルールを使っているはず!
おしゃれの基礎ルールとは
1 テイストのバランスは きれいめ7対カジュアル3
2 色合わせは全身を 3色でコーデ する
3 トレンド をチェックして取り入れる
これだけよ!
本当にこの3つだけでいいの?
例えばみんながよく迷う色合わせだけど
全身で5色使うとこうなるの!
確かになんかまとまっていない
カラフルではあるけど……

ネイビーと白で服はまとめて
バッグと靴を赤にすると3色になってほら、どう？
1色
2色
3色
ほんとだ！なんかおしゃれ！
たったこれだけでおしゃれに見せられるのよ
え～もっとルールが知りたい！
他にはどんなルールがあるの⁉
もっともっと！
もっと詳しい説明は56ページからね！
フフフ♡

たった3つのおしゃれのルールで、誰でも服をセンスよく着こなせます！

おしゃれになりたいけど、自分にはセンスがないからコーディネートがうまくいかない……と思っている人、けっこういます。でも実は〝おしゃれはセンスではなく、簡単なルールを実践する〟だけで、普段の服装が「あら、なんかおしゃれになった？」と言われるようなコーデに変身します。

アラフォー世代に実践してほしいルールは、たったの3つ！

ルール1　テイストのバランスは、きれいめ7対カジュアル3にする
ルール2　色合わせは全身を3色でコーデする
ルール3　トレンドをチェックして取り入れる

これを押さえておけば、誰でもおしゃれになれます。

ルール1 は、アラフォーのための着こなしバランスの黄金比と言ってもよいです！髪のツヤが減ってきたり、体形の変化が現れてくるアラフォーにとって、全体をカジュアルコーデしてしまうと、どうしてもちょっと野暮ったかったり、ほっこりした印象に。かといって、きれいめばかりだと隙のない印象に。そこで〝きれいめ〟を、カジュアルより多く取り入れることで、アラフォー世代に似合う着こなしになります。

ルール2 は、実はとても大事な色の組み合わせのルール。色が増えるとごちゃごちゃして見えますが、1色だけというのもやや地味。そこでおすすめなのが全体を3色にまとめる3色コーデ。誰でもバランスが取れたコーデになります。

そして最後に ルール3 のトレンドも重要なポイント。全部ベーシックアイテムでコーデしてしまうとどうしても地味な印象になるし、流行遅れのシルエットの服を着ているとそれだけであか抜けなくなってしまいます。トレンドチェックも忘れずに！

ルール 1

テイストのバランスはきれいめ7対カジュアル3にする

おおよその見える面積比で7：3ね！
感覚でOK！

シャツ→きれいめ

ロゴT→カジュアル

テーパードパンツ
→きれいめ

レザーのハンドバッグ
→きれいめ

スニーカー→カジュアル

きれいめ7対カジュアル3の作り方は、コーデ全体の中のそれぞれの服や小物が占める〝面積〟で判断してください。きっちり7対3にならなくても、おおよそでOKです。きれいめが多いかなとなったらおしゃれになっています！

そして「きれいめ」と「カジュアル」の区別は、「きれいめ＝大人」「カジュアル＝子ども」でイメージしてください。

きれいめは、例えば、ジャケット、ブラウスやシャツ、スラックスやタイトスカート、パンプスやローファなど、オフィスシーンで使えるアイテムたちです。一方カジュアルはスウェットやパーカ、Tシャツ、デニム、チノパン、スニーカーなど〝子どもが着ていて違和感のない服〟のことです。

もちろん、光沢のあるシルケット素材できれいめなTシャツなど、素材やデザインなどで判断に迷うものもありますが、「会社に着ていける？」「子どもが着る？」をイメージするとどちらかすぐわかります。そして自分が持っている服を、だいたいこの2つに分類しておくと、きれいめ7対カジュアル3のコーデを作りやすくなります。

「きれいめ」?「カジュアル」?

大人って
イメージして!

きれいめ

シャツ

ボタンを開けたり袖をまくったり
など着こなしは自由自在

ブラウス

着るだけで優しい印象になり、
オケージョンにも役立つ

ジャケット

きちんと感があり、オフィスコー
デに重宝する

ワイドパンツ

落ち感のある素材はきれいめに
着こなせる

テーパードパンツ

きちんと感があり、オフィスにも
おすすめ

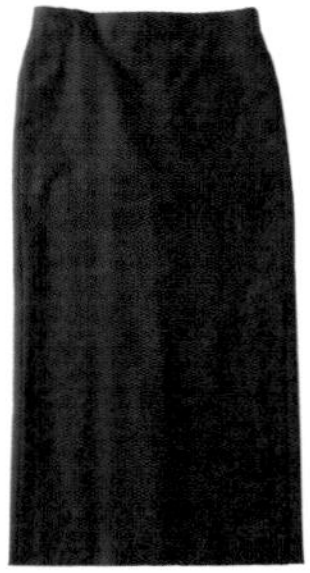

タイトスカート

すっきりしたIラインを作り、着痩
せ効果も。大人っぽくまとまる

バッグ

かっちりしたレザー調バッグは
きれいめに

ワンピース

裾幅が狭いものはきれいめの
印象に

アクセサリー

プラスするときれいめ感が出る
必須アイテム

子どもって
イメージして!

どんなアイテムが

カジュアル

トップス

ロゴT

ロゴがあることで着こなしのアクセントに

ボーダーT

コーデのポイントになる。カジュアルの定番アイテム

パーカ

リラックス感のあるコーデになるアイテム

ボトムス

デニム

ライトカラーと太めのシルエットでカジュアル感アップ

カーゴパンツ

レジャーやアウトドアにもおすすめのパンツ

ギャザースカート

ふんわりしたボリュームが優しい印象に見せる

ワンピース/バッグ/小物

バッグ

ナイロンやキャンバス素材のバッグはカジュアル

ワンピース

甘めのデザインがカジュアルテイストのワンピース

誰でもおしゃれに決まる
きれいめ7：カジュアル3のコーディネート例・パンツ編

ボーダーTのパンツコーデで比較！

きれいめ7 ： カジュアル3

OK

カジュアル
ボーダーTに
ネックレスを
プラス

きれいめ
ジャケットは
袖をまくって
抜け感を

きれいめ
落ち感のある
ワイドパンツ
で大人めに

カジュアル
靴は白のス
ニーカーで
爽やかに

きれいめ0 ： カジュアル10

NG

カジュアル

カジュアル

カジュアル

カジュアル

カジュアル

ボーダーTもきれいめアイテムと合わせればほっこり感ゼロ

アウターはジャケットにしてきちんと感をプラス。ボトムもワイドパンツにして、トップスをインして着こなすだけで、同じボーダーTも洗練された印象になります。

THEカジュアルでなんだかあか抜けない

ボーダーT、デニム、マウンテンパーカにスニーカーで全てカジュアルアイテムでまとめたコーデ。ついやってしまう楽ちんスタイルだけど、野暮ったくなってしまうのが悩み……。

パンツコーデだと、どうしてもカジュアルな印象になってしまうという人は、シルエットや色選びに注意すると、テイストのバランスが取りやすくなります。

カラーパンツで
きれいめ7 : カジュアル3

カジュアル
リラックス感のあるオーバーサイズカーデ

きれいめ
テーパードシルエットですっきり見せ

きれいめ
レザーバッグで落ち着いた印象に

カジュアル
ボリュームスニーカーでカジュアルダウン

インディゴカラーのデニムで
きれいめ7 : カジュアル3

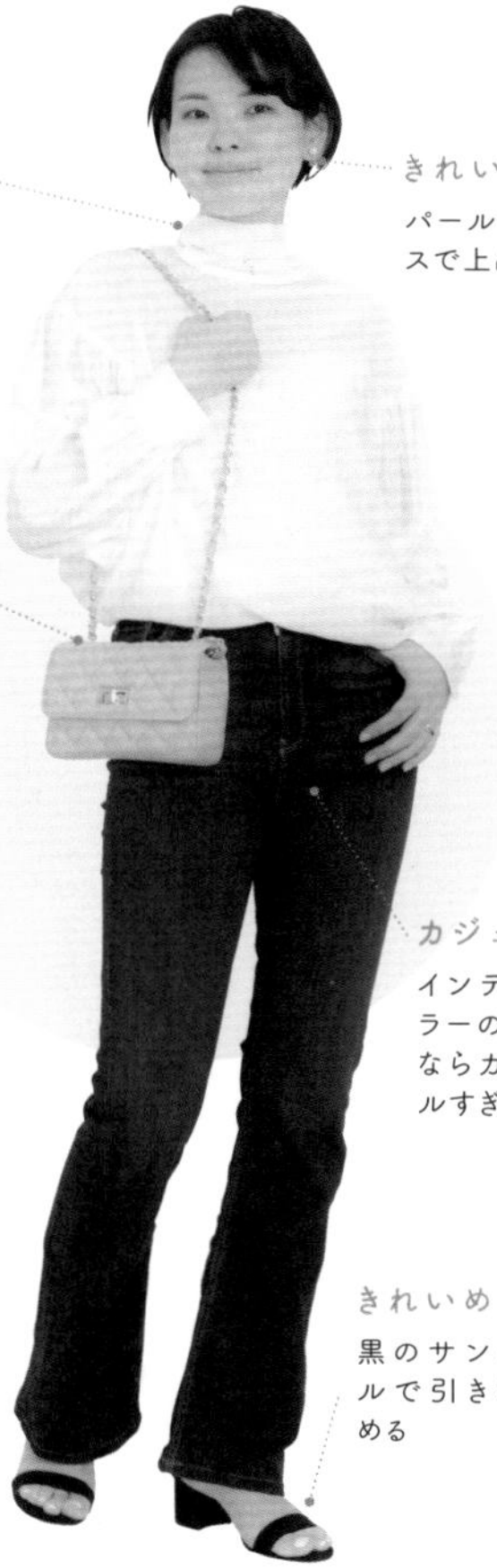

きれいめ
ハイネックのブラウスでエレガント

きれいめ
パールのピアスで上品に

きれいめ
チェーンバッグはアクセサリー替わりにも

カジュアル
インディゴカラーのデニムならカジュアルすぎない

きれいめ
黒のサンダルで引き締める

カラーパンツも色選びとシルエットで大人エレガントに

テーパードシルエットのパンツなら、スニーカーと合わせてもきれいめな印象に。カジュアルになりがちなカラーアイテムは落ち着いたカラーを選ぶとチャレンジしやすいです。

ふんわりブラウスならきれいめコーデが完成

カジュアルアイテムの定番のデニムはふんわりブラウスで品よくまとめるときれいめスタイルに。デニムはインディゴやグレー、ブラックを選ぶとカジュアルになりすぎません。

誰でもおしゃれに決まる きれいめ7：カジュアル3のコーディネート例・スカート編

カジュアルなパーカのスカートコーデで比較！

きれいめ7 ： カジュアル3

OK

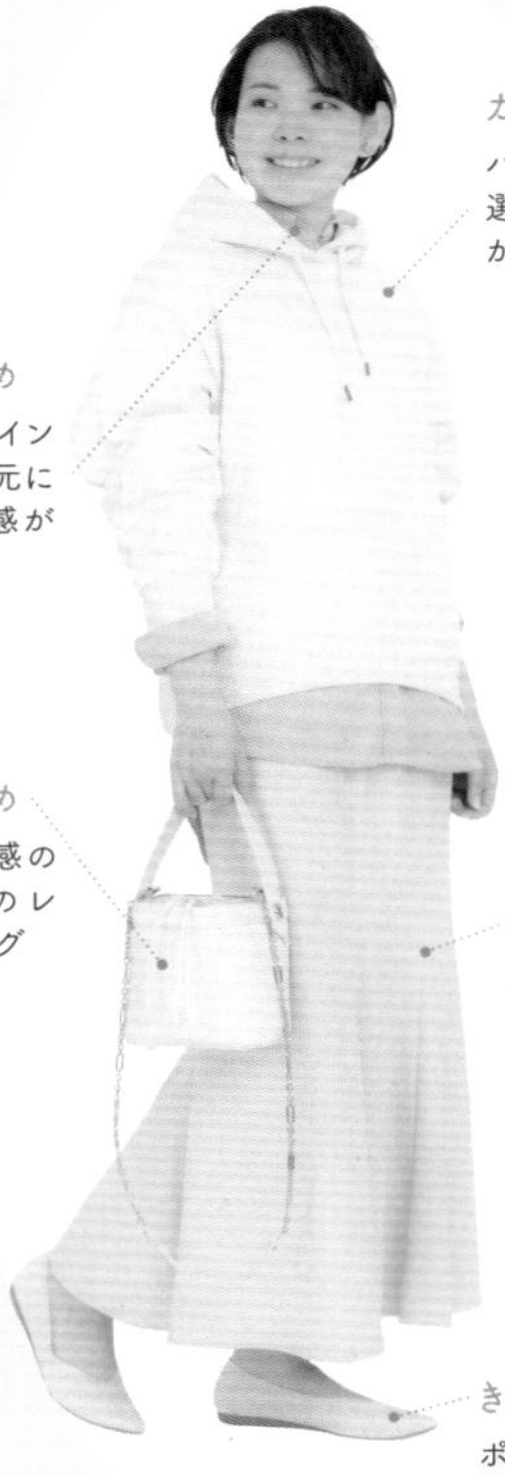
カジュアル
パーカは白を選んで爽やかに
きれいめ
シャツをインすると襟元にきちんと感が出る
きれいめ
きちんと感のある白のレザーバッグ
きれいめ
きれいめ
ポインテッドトゥのフラットシューズ

きれいめ0 ： カジュアル10

NG

パーカの中にシャツをインして
きれいめ度アップ！

野暮ったく見えるグレーパーカをホワイトに替えてシャツをインするときれいめな上半身に。スカートを落ち感のあるロングスカートにすることで、上品なイメージに。

グレーのパーカと甘めスカートで
ほっこり見えしてしまう

カジュアルの定番グレーパーカとラウンドショルダーバッグ、甘めスカートの組み合わせ。幼稚な印象に見えたり、若作り感が出てしまったりするコーディネートに。

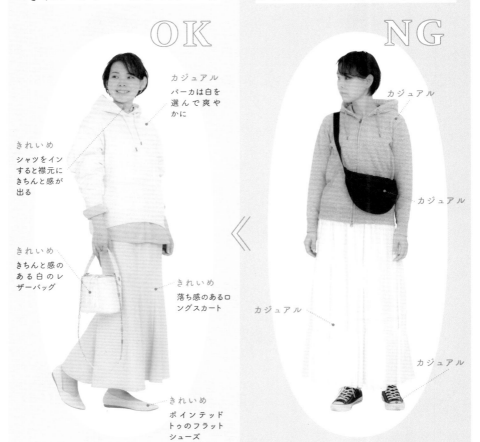

スカートコーデで気をつけたいのがカジュアルテイストを選ぶと、子どもっぽく見えてしまうこと。きれいめの小物をプラスしつつ品よくまとめましょう。

タイトスカートで
きれいめ7 ： カジュアル3

カジュアル
リラックス感のあるオーバーサイズT

きれいめ
ネックレスをプラスして華やぎを

きれいめ
差し色のパープルのタイトスカート

きれいめ
黒のバッグで引き締める

きれいめ
バッグと色を合わせてまとまり感アップ

フレアスカートで
きれいめ7 ： カジュアル3

カジュアル
カジュアルの代表アイテムロゴT

きれいめ
上品な印象になるフレアスカート

きれいめ
ブラウンレザーバッグは締め色に

きれいめ
抜け感のあるヒールサンダル

タイトスカートは差し色を選んで、カジュアルダウン

きれいめの代表アイテムのタイトスカートは、思い切って差し色をチョイス。トップスはオーバーサイズTを合わせて、カジュアルダウンさせるとバランスよく7：3の配分に。

カジュアルダウンにおすすめ ロゴT×フレアスカート

カジュアルなロゴTにフレアスカートを合わせると、上品な雰囲気に。バッグや靴もきれいめのものを選ぶことで、ロゴTをコーデしても大人のカジュアルにまとまります。

シーンに合わせて着こなす きれいめ多め・カジュアル多めのコーディネート例

ちょっときれいめ多めのコーデ

タイトスカートで

きれいめ8 ： カジュアル2

きれいめ
オーバーサイズのシャツでリラックス感を
きれいめ
バッグは斜め掛けしてややカジュアルダウン
きれいめ
シンプルなタイトスカート
カジュアル
ボリューム感のあるスニーカー

テーパードパンツで

きれいめ8 ： カジュアル2

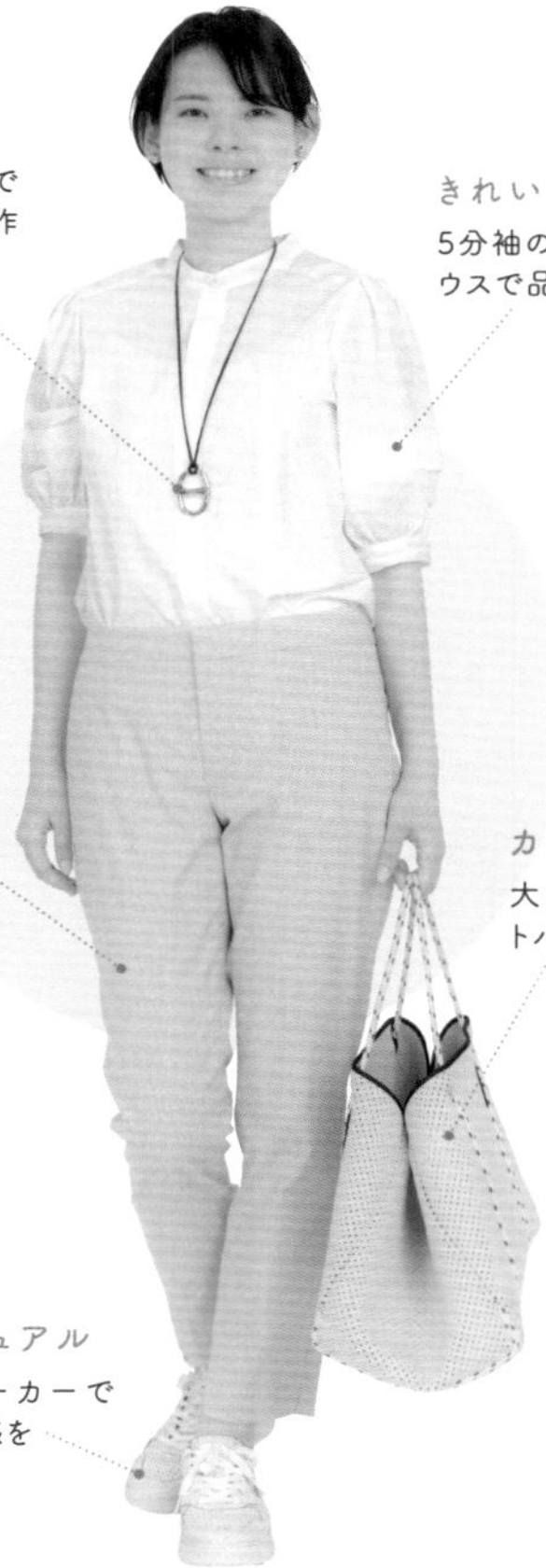
きれいめ
ネックレスで縦ラインを作りすっきり
きれいめ
5分袖のブラウスで品よく
きれいめ
ライトベージュのテーパードパンツはオフィスにもOK
カジュアル
大きめのトートバッグ
カジュアル
スニーカーで抜け感を

きれいめアイテムを着崩しておしゃれ度アップ

タイトスカート＋シャツだとやや堅い印象になるので、シャツをオーバーサイズにしたり、袖をまくったりして着崩してカジュアルダウンしましょう。足元もスニーカーではずしたコーデを。

オフィスカジュアルにおすすめのコーディネート

ブラウスとテーパードパンツの組み合わせで、きれいめスタイルの8割を完成。バッグと靴にカジュアルテイストのものを選ぶことで、堅すぎない抜け感をプラスできます。

もう少し改まった印象にしたい、もうちょっとだけラフに着こなしたい。そんなときは、少し配分を変えてコーデしましょう。小物などで調整するのがポイント。

ちょっとカジュアル多めのコーデ

チュールスカートで きれいめ2：カジュアル8

カジュアル
キャップでボーイッシュに

カジュアル
Gジャンの替わりにマウンテンパーカでもOK

きれいめ
ハイゲージニットは着回し抜群のアイテム

カジュアル
大きめのトートバッグ

カジュアル
ほっこり感のあるチュールスカート

カジュアル
ハイテクなスニーカーはコーデポイントに

カーゴパンツで きれいめ2：カジュアル8

きれいめ
黒眼鏡をプラスしてきちんと感を

カジュアル
ロゴが入ったスウェット

カジュアル
レオパード柄のバッグは小さめをセレクト

カジュアル
カーゴパンツは白を選ぶと女性っぽさを残せます

きれいめ
足元はヒールサンダルで抜け感を

インナー＆アクセサリーで Gジャンを上品に見せる

GジャンにロンTをインするとカジュアルすぎてしまう……。きれいめのニットを合わせてパールネックレスなどをプラスするだけで、遊び心のあるカジュアル多めスタイルになります。

足元はきれいめの靴を合わせて 大人カジュアルコーデに

上下ともカジュアルアイテムでコーデしたときは、足元はきれいめが鉄則！ ヒールサンダル以外でも、フラットパンプスやショートブーツを合わせてもOKです。ネックレスで華やかさをプラスして。

ルール
2

色合わせは全身を3色でコーデする

面積の大きいアイテムのカラーを
メインにして、
そこに2色足してまとめよう！

黒 ＋ 白 ＋ ブラウン

バッグや靴も、
色数にカウントするよ

色数は増えれば増えるほどがちゃがちゃとした印象でまとまりがなく見えます。子ども服やおもちゃを想像してみてください。カラフルな色使いだと「かわいらしいイメージ」になりますが、アラフォー世代にはごちゃごちゃしてやや幼稚な印象に。そこでおすすめなのが色数を「3色」でまとめることです。

ただ、3色でコーデをまとめるときは、やみくもに3色選べばOKということではなく、その日のコーデで一番大きな部分を占めるアイテムのカラーをメインカラーにして、そこに2色を足すとまとまりのあるコーディネートが完成します。

例えば、黒のワイドパンツがコーデの中で配分が多いのなら、黒をメインカラーにして、トップスは白シャツ、靴はブラウンで3色になり、シンプルなモノトーンコーデがもう1色のおかげでぐっとおしゃれ度がアップします。3色使うことで地味にも無難にもなりすぎず、バランスが良いのです。

そして、3色コーデで悩ましいのが、どの色を使うかということだと思います。アラフォーのおしゃれ初心者さんにおすすめしたいのが、ベーシックカラーのみで3色コーデすること。ベーシックカラー3色で、3色コーデのコツをつかんだら、次は、ベーシックカラー2に差し色カラー1をプラスした3色でコーデしてみましょう。次のページで詳しく説明しますね。

の3色コーデは？

おすすめ

1

3色ともベーシックカラー

おすすめ

2

ベーシックカラー＋差し色カラー

白　黒　＋　グリーン

ベーシックカラー　差し色カラー

ネイビー　グレー　白

ベーシックカラー

色の種類

ベーシックカラー　基本となる色のこと

黒　白　グレー　ネイビー　ベージュ　ブラウン

差し色カラー　ベーシックカラー以外の色

赤　ブルー　グリーン　イエロー　ピンク　パープル

など

小物で差し色を取り入れる

ベーシックカラーは上記の6色。ファッションの基本カラーなので、服の種類も多く、クローゼットにこの6色はだいたいあると思います。ベーシックカラーなら、まとまりやすく手持ちのものでコーディネートできるのでおすすめです。

そして、差し色カラーとはベーシックカラー以外の、赤、ブルー、グリーン、イエロー、ピンクなど、1つ入れることで、コーディネートのアクセントになる色です。ベーシックカラーにプラスすると、華やぎが加わって、おしゃれ度がアップします！

また、メインの服に差し色を使うのはハードルが高いと思う人は、差し色のカーディガンを肩掛けしたり、靴やバッグに取り入れたりするのがおすすめです。カラーアイテムがコーデのどこかにあると、色がパワーをくれて気持ちも上がりますよ！

おしゃれな人はみんなやっている 3色コーディネート例・ベーシックカラー編

グレーの効果で重くなりすぎない

グレー
白
黒

モノトーンコーデにグレーをプラスして大人シックに

手持ちの服でチャレンジしやすいモノトーンコーデ。そこにグレーのタートルをプラスして3色にすると、奥行きのある立体的なスタイルに。バッグと靴は黒で統一するとコーデが引き締まります。

ネイビー×白のコントラストをグレーでつなぐ

ネイビー
グレー
白

グレーのトップスを入れて色のトーンを調整する

ネイビーのジャケットのインにグレーのトップスを入れて、白のワイドパンツとのコントラストをつなぐことで、色のトーンが調整され爽やかな印象にまとまります。

黒、白、グレー、ネイビー、ベージュ、ブラウンのベーシックカラーでコーデを組んでみましょう。おしゃれ初心者におすすめの配色を紹介します。

同系色は黒で引き締める

白×黒にベージュをプラスした柔らかな雰囲気コーデ

同系色コーデのアクセントにする黒の使い方がポイントに

ベージュのトップスとブラウンのパンツの同系色のグラデーションコーデはぼんやりした印象に見えがち。黒のベルト、バッグ、靴で引き締めてコーデのアクセントに。

ボトムスのベージュカラーが白黒コーデを優しい印象に

白Tシャツに黒のベストのコントラストを、ボトムスはベージュのスカートで和らげて、きれいめのコーデが完成。バッグはスカートと同系色なら統一感がとれます。

1色は差し色カラーにして華やかに
3色コーデ・ベーシックカラー2＋差し色カラー1の基礎編

差し色カラーがビビッドカラー

差し色カラーに、鮮やかなビビッド系のカラーを選ぶなら、コントラストが強い白や黒のモノトーンカラーを合わせると差し色カラーが浮きません。

ビビッドグリーン×白×黒

ビビッドブルー×白×黒

カラーアイテム初心者なら差し色はボトムスに取り入れる

カラーアイテム初心者はボトムスに差し色をプラスすると顔映りに影響しないのでおすすめ。鮮やかなグリーンに白シャツを合わせて、小物は黒で引き締めるときちんと感がアップ。

ビビッドブルーを大人めにまとめる、白と黒のコントラスト

ビビッドカラーのアイテムは組み合わせによって子どもっぽく見えてしまうことも。コントラストが強い白や黒のベーシックカラーを選んで、大人クールにまとめましょう。

3色の中の1色にベーシックカラー以外のものを選ぶとおしゃれ度がアップ。差し色カラーのトーンに合わせてベーシックカラーを組み合わせるのがポイントに。

差し色カラーがパステルカラー

パステルブルー、パステルピンクなど差し色がパステル系なら、グレーやベージュなどの濃淡のあるベーシックカラーで優しい印象に。トーンが揃ってコーデがまとまります。

パステルピンク×グレー×白

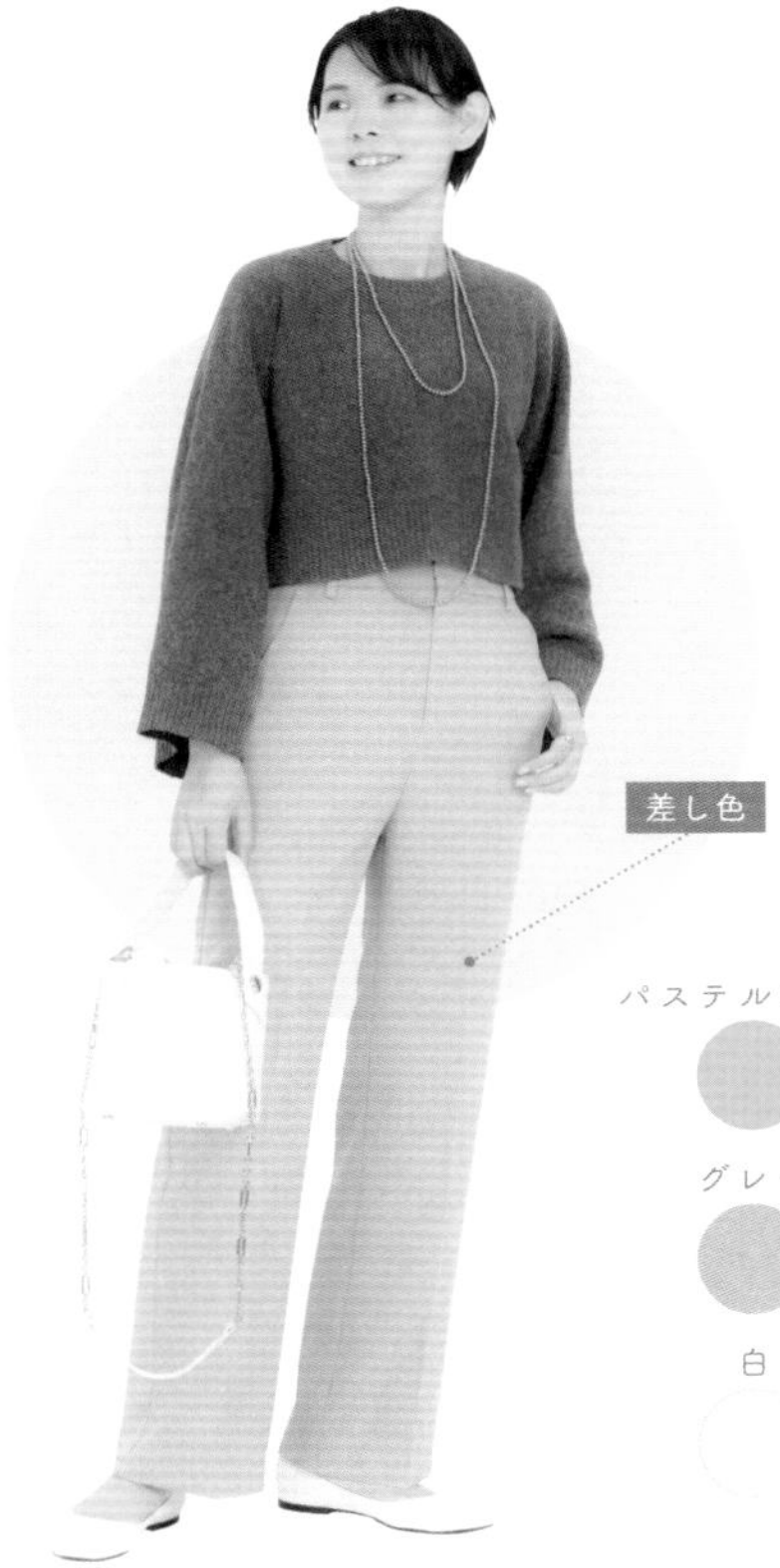

パステルピンク

グレー

白

パステルブルー×白×ベージュ

パステルブルー

白

ベージュ

ピンクの優しい雰囲気を損なわないグレーの組み合わせ

甘めのピンクは白や黒のトップスを合わせると幼くなってしまうので、柔らかな色合いのグレーとコーデすると、大人のピンクの着こなしが完成。小物は白を合わせて品よくまとめて。

好感度大なパステルブルーはどんなシーンでも使えるカラー

かわいくなりすぎないパステルブルーのブラウスは、白のパンツと合わせて爽やかコーデに。ベージュの小物をプラスすることでトーンが揃って落ち着いた印象にまとまります。

取り入れやすくて誰でもセンスアップする 3色コーデ・ベーシックカラー2＋差し色カラー1の応用編

差し色カラーを部分使いする

トップスやボトムスにカラーアイテムを使うのが苦手な人は、肩に掛けたり、アウターの下からちら見せしたりなど部分使いなら取り入れやすいです。

アウターのインに取り入れる

肩掛けカーディガンで取り入れる

派手カラーの赤は アウターのインにしてポイントに

ベージュのトレンチコートに差し色の赤のタートルをインすることで、控えめに華やかさをプラスできます。ボトムスはチャコールグレーなら黒ほどコントラストは強くなりません。

グリーンの肩掛けカーデで 差し色を取り入れる

ボーダーTシャツと黒のパンツの白、黒の2色コーデに差し色のグリーンのカーディガンを肩掛けするだけで、上半身が華やかになりおしゃれ度もアップ！　小物も黒ですっきりとまとめるときれいめに。

差し色をメインにした着こなしは難しい……、カラーアイテムをあまり持っていない人は部分使いしたり、小物で取り入れたりすると簡単に3色コーデが完成します。

小物に取り入れる

服がベーシックカラーコーデでも小物に差し色をプラスするとおしゃれ度アップ！　服はワンカラーや同じトーンの色でまとめると失敗しません。

バッグに取り入れる

ソックスに取り入れる

黒ワンピが華やぐ ビビッドピンク使い

ワンピースなどワンカラーコーデのときにおすすめなのが小物で差し色をプラスすること。明るいカラーをプラスして、華やかな印象に仕上げて。白のサンダルで抜け感をプラス。

ブルーのソックスで グレーコーデのポイントに

グレーのグラデーションコーデは、ぼんやりした印象に見えがち。ソックスなど小物でカラーアイテムを入れることで、ポイントを作り洗練度アップ。カラーアイテム初心者におすすめのコーデ。

ルール 3

トレンドをチェックして取り入れる

シルエット、丈感、色をチェック

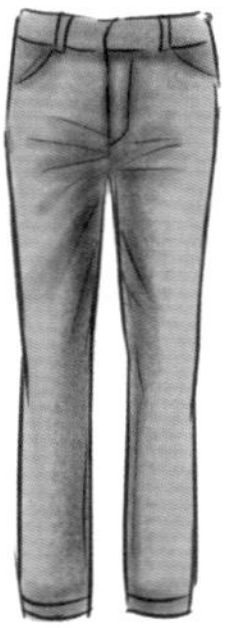

細め

シルエット

ボトムスの太さや
ラインを見よう

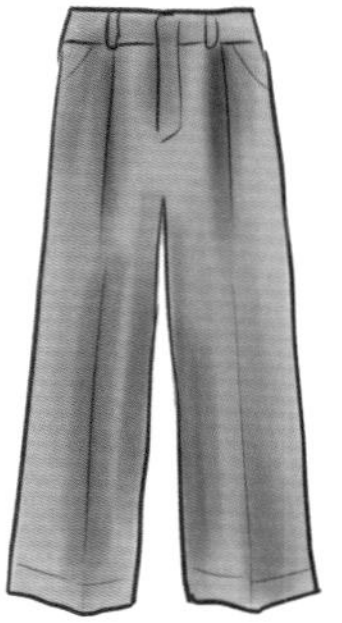

太め

短め

丈感

長さが微妙に
変わっているので
試着してみよう

ロング

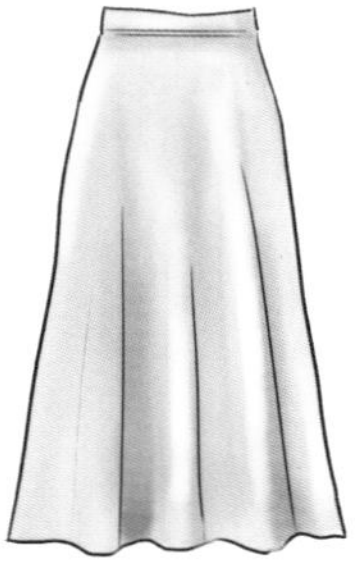

春夏

色

季節によって
トレンドカラーの
変化をチェック

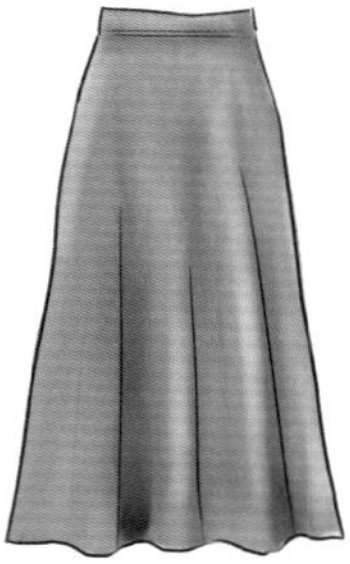

秋冬

トレンドはシルエット、丈感、色など
でつかみましょう！

コーディネートにトレンドを取り入れるのは、ハードルが高く感じるかもしれませんが、重要です。

毎年のように変わっていくファッショントレンドで、特にチェックすべきポイントが「シルエット、丈感、色」です。例えばシルエットなら、パンツの場合、大きくは「細め」か「太め」かで、数年周期で変わっていきます。トップスの丈感も、お尻が隠れるくらい長めのものから短めのクロップド丈も見られるようになったり、スカートの丈もひざ下やマキシ丈に変化したりします。そのため、数年同じスカートをはいていると流行遅れになってしまいます。

色も春夏と秋冬だと、お店に並んでいる服の色がなんとなく変わっているのを感じると思いますし、その年の流行色がどのお店の店頭でも見られます。

そういった変化をキャッチアップして、ビジョンマップで作った自分の目指したいスタイルに合わせて、取り入れやすいトレンドアイテムを少しコーデに加えると今っぽいあか抜けたコーデになります。

またトレンドをつかむには、雑誌やネットを見たり、ショップのマネキンや店員さんのコーデをチェックしたりするのがおすすめです。

Column 1

知っておきたいおしゃれのアドバイス

コーディネートの基本となる「シルエット」の種類を知っておこう

ファッションにおけるシルエットとは服を着たときの外郭、輪郭のことです。シルエットを知っておくことで、見せたい雰囲気を作れたり、気になる体のパーツをカバーすることもできたりします。

シルエットには、主にAライン、Xライン、Yライン、Iラインの4つがあります。これはコーディネートにおけるシルエットをアルファベットの形に見立てて表しています。

例えばボリュームのあるシャツにワイドパンツを合わせると、体のラインは隠れますが、ルーズな印象に。そこにパンツを細身にしてYラインにすると、すっきりした印象になります。

シルエットそれぞれの特徴を把握することで、体形をより美しく見せながらバランスの良いコーデを作ることができます。

Xライン

ウエストのくびれを強調するメリハリのあるシルエット。短めのトップスに裾広がりのボトムスを合わせると作りやすいです。胸やお尻にボリュームがある人におすすめです。

Aライン

上半身はコンパクトで、下半身は裾に向かって広がりのあるライン。フェミニンな印象があり、お腹周りや下半身を自然にカバーしてくれます。きれいめスタイルが作りやすいシルエットです。

Yライン

上半身にボリュームを持たせて、下半身はすっきりしたボトムスでまとめるとYラインが完成します。誰でもチャレンジしやすいスタイルで、上半身にボリュームがなくカバーしたい方にもおすすめです。

Iライン

全身を長方形のように整えるシルエットのこと。タイトスカートや長めの羽織りなどを使うと作りやすいです。縦長のシルエットになるので、シャープに見えて、着痩せも実現!

Chapter

4

カジュアルがなんか変なんです

〜コーデのお悩み解決編〜

＼ この章ではこんなことが学べます！ ／

若いときは全身カジュアルな服でも野暮ったくなかったのに、最近なんか変かも。

運動会には何を着ていったらいいの？ 下半身が太いからおしゃれになれない、デニムがちょっと苦手……。

アラフォーあるあるのコーディネートの悩みを解決します。

これもルールと一緒で、ちょっとしたコツを知るだけでコーデがぐんとあか抜けます。

でもまだ自信なし
3つのルールはよくわかったんだけど
うまく使えるか不安……
例えばどんなことが不安？
まかせて！
私私ね……
ハァアアアア
カジュアルがなんか変なんだ！
若いときは大丈夫だった気がするけど……
子どもと公園遊びとかレジャーシーンでの着こなしとか？
そうなの！普段の服装から変なの！
先日、ママ友たちと動物園に行くために集合したときに
おまたせ～！
キャップ
Tシャツ
トート
デニム
スニーカー
私はTシャツ＋デニムのカジュアルな出立ちだったんだけど

晴れてよかったね～
ね～っ
あか抜けた小洒落感！
カジュアルママたち
じーっ
ママだけおじさんみたい！
え？
ガビーン
なるほど
でも大丈夫よ！
カジュアルだって
さっきのおしゃれの「3つのルール」を意識するだけで解決するよ！
本当？
カジュアルコーデのコツ
カジュアルコーデにもどこかに
きれいめ要素を少しだけプラスするとセンスアップするの
特にアラフォーはね！
少しだけ きれいめ

動物園に行くのにきれいめを取り入れるんですか？
？
むずかしい……
そうよ！　少しだけボトムスにきれいめ要素を加えてみよう！
例えば、ボトムスはすっきり見えるテーパードパンツで
きれいめ3対カジュアル7にして、色をモノトーンに差し色を入れるとどう？
きれいめ
イヤリング
カジュアル
ボーダーTシャツ
きれいめ
テーパードパンツ
カジュアル
スニーカー
カジュアル
トート
なんかあか抜けて見える！
スゴイ！

でしょ！3つのルールを取り入れることで
常にどこにきれいめを取り入れるか考えてみて！
動物園に行くときのコーデもおしゃれ度が簡単に上がるの！
「きれいめ」ってすご〜い！
あの私
えへへへ…
他にも悩みがあって……
背が低いからすらっと見えるにはどうしたらいいかとかっ
プチプラ服ばっかりだと安っぽく見えないかとか
ああ〜悩ましい
そうねおしゃれのお悩みは尽きないよね
でもこれもポイントを押さえておけばちゃんと解決できるのでそれもまた教えるね！
うんうん
なんか私でもおしゃれになれる気がしてきた！
やったー♥

デニムが苦手です。アラフォーがきれいめに着こなすコツを教えて！

まずは濃いめカラーのテーパードデニムからスタート！

カジュアルが苦手なアラフォー世代から多く寄せられるお悩みです。デニムはカジュアルテイストの代表的なアイテムなので、どうしても子どもっぽい印象になってしまいがちです。

デニムをきれいめに着こなすには色選びとシルエットがポイント。デニムのカラーはさまざまな種類がありますが、おすすめは濃いインディゴブルーやグレー、ブラック系です。ネイビーやブラック、グレーなどはスーツに採用される色なのできちんと感が出てきれいめな印象になります。

またお尻や脚が気になると太いシルエットを選びがちですが、はじめの1本は太もも周りは程よくゆとりがあり、裾に向かって徐々に細くなっていくテーパードシルエットを選びましょう。この程よいゆとりが肉感を拾わず下半身をすっきり見せ、どんなトップスとも好相性に。また合わせるトップスもシャツやジャケットなどきれいめアイテムを入れたり、足元もカジュアルなスニーカーやサンダルでなく、パンプスやショートブーツを合わせたりすると、ほっこりしないきれいめなデニムスタイルが完成します。

デニムもきれいめを意識！

カジュアル ⟷ きれいめ

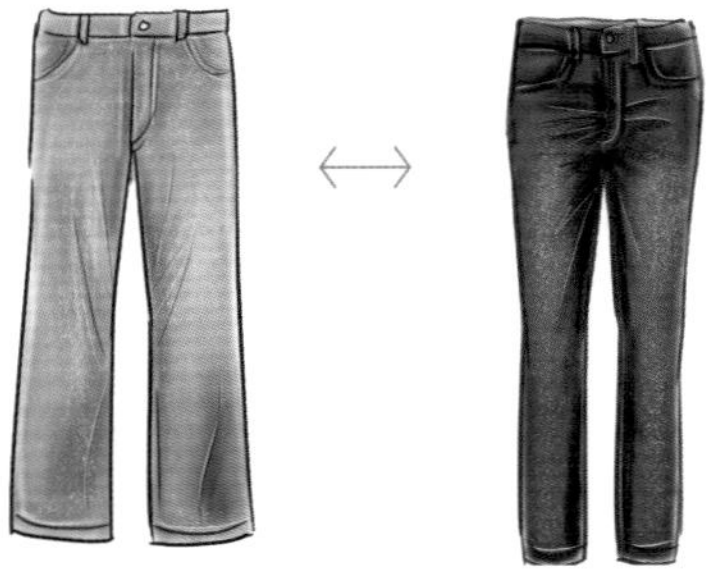

	カジュアル	きれいめ
形	だぼっとしたシルエット	テーパード
色	ライトブルー	インディゴブルー、グレー ブラック

おすすめコーデ

シャツ＋インディゴブルーデニムできれいめスタイルを完成

デニムをきれいめに着るなら、シャツやブラウスとコーデしてきちんと感をプラスするのがおすすめ。バッグやアクセサリーもきれいめに統一するのがポイント。

ボーダー柄を着るとなんだかほっこり見えしてしまいます

ピッチの細いボーダー柄を選んで、きれいめアイテムと組み合わせて！

無地だとなんだか地味だし、とりあえず……とつい手に取りがちなのがボーダー柄アイテム。カジュアルテイストの代表アイテムでもあるので、素直にデニムやチノパンに合わせるとカジュアル度が強くなりすぎて、どうしてもほっこり感が出てしまいます。

ボーダーコーデを野暮ったくしないコツは、色柄の選び方とコーディネートの２つ。

まずはボーダーの色柄の選び方ですが、ボーダー柄には太いものもあれば、細いものもあり、色も赤、ブルーなどさまざまな種類があります。おすすめはボーダー幅が細いもの、色はベーシックな白地に黒のボーダー柄です。太ボーダーは柄が大きい分、カジュアル度が強くなりさらに膨張しても見えやすいです。また色は白地に黒だと主張がなく、

どんなアイテムとも合わせやすいのでおすすめです。

次にコーディネートですが、ボトムスはきれいめ素材のパンツやタイトスカートを合わせたりすると、大人のきれいめカジュアルスタイルに。またネックレスやイヤリングなどアクセサリーを多めにプラスすれば、ボーダー柄のほっこり感を消して、品よくまとまりますよ。

ボーダーTもきれいめを意識！

	カジュアル	きれいめ
ピッチ	太い	細い
色	黒、ネイビー以外の色	黒、ネイビー

おすすめコーデ

ジャケットのインにしてきれいめにシフト

ボーダー柄のTシャツをジャケットのインナーに着たり、ボトムスはきれいめパンツを合わせたりしてボーダーではずした大人カジュアルに。

定番のアイテムなのに シャツが上手に着こなせません

シャツは着崩すのが鉄則です！ サイズはややゆったりめを

きれいめアイテムの代表ともいえるシャツですが、ぴったりサイズをそのまま着るとオフィスっぽく堅苦しい雰囲気にもなりがちです。

シャツをおしゃれに着るなら、ゆったりサイズを着崩すのが最大のポイントです。例えばボタンは第二ボタンくらいまで外して、襟を後ろに少し抜き、袖は無造作に折り返すだけでこなれ感がアップしてぐんとおしゃれになります。前ボタンを全部開けてワンピースやノースリーブの羽織りにしたり、夏の日除け代わりに使ったりなどもできます。春夏の羽織りがいつもカーディガンばかりになってしまう……という方はぜひ取り入れてみてください。また、シャツはニットの下に重ねたり、肩に巻いてコーディネートの

ポイントにしたりと着回し力が高いのも特徴なので、どんどん着こなしを楽しみましょう！

サイズ感はぴったりしたものを避け、ややゆったりしたものを選んだり、ワンサイズアップしたりすると、肉感を拾わずさりげなく体形カバーができます。

シャツの選び方

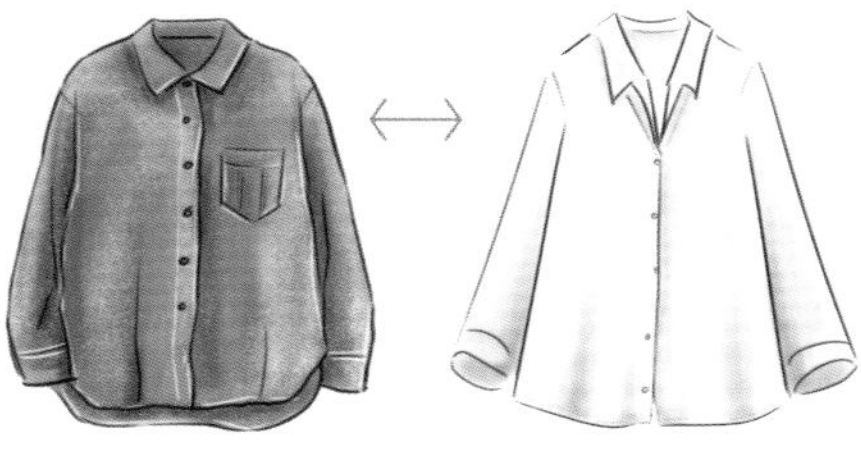

	カジュアル	きれいめ
素材	ダンガリー、フランネル、麻	レーヨン、コットン
形	オーバーサイズ	ややゆったり

おすすめコーデ

シャツは前だけインして程よいラフ感を出す

シャツは襟を抜いて、少し肌見せして抜け感をプラス。前だけインして後ろを出すことで、お尻をさりげなくカバーしながらこなれた印象に。

骨格診断で似合うと言われた服があまり好きじゃない！ どうしたらいい？

骨格診断は似合う傾向を知るもので、守るべきルールではない

自分の骨格にマッチする服のデザインや素材を知ることができる骨格診断は、おしゃれ迷子にとってとても便利だと思います。

しかし一方で、診断結果が自分の好みでなく、どう取り入れたらいいか悩む方も増えています。診断はあくまでも似合うものの傾向を知るためのもので、ルールではありません。

まずは自分がどんなテイストが好きなのかを軸に、診断結果をポイント的に取り入れるのがおすすめです。「骨格○○タイプだから、このアイテムは似合わない！」ではなく、自分が苦手なアイテムでも自分の骨格タイプに似合う素材の服で取り入れてみようとか、着たい服をより自分に似合うようにしたいときにその知識を使うとよいですよ。

まだ子どもが小さいので、汚されそう。洗えるおしゃれコーデが知りたい！

マシンウォッシャブルや防シワ加工のものを取り入れてみて！

育児中はつい洗えるＴシャツやスウェット、デニムばかりでなんだかコーデがあか抜けない……というのは多くのママのお悩み。

トップスやボトムスが毎度洗えるコットン系だと季節感やバリエーションがなくなってしまいます。そこでおすすめしたいのが「機能素材」アイテムです。洗濯機で洗えるマシンウォッシャブルやシワになりにくい防シワ加工、毛玉やちくちくが軽減されたアンチピリング加工まで、最近は多様に機能素材が揃っています。１４２ページのアラフォーにおすすめなブランドリストにも機能素材の服が多いブランドを載せているので参考にしてみてください。いつものデニムにマシンウォッシャブルのきれい色のニットを合わせたり、いつものボーダーＴに防シワ加工のスラックスを合わせたりして、育児中も無理なくおしゃれの幅を広げていきましょう！

プチプラでも安っぽく見えない選び方のコツが知りたい

シンプルなものを選んで、アクセサリーで品よく見せる

アラフォー世代がプチプラを買うなら、目立つ装飾やデザインのアイテムは避けたほうが無難です。例えばレースやビジュー付きのアイテムは、一見こんなにデザインされているのにこの値段でお得！　と思いがちですが、大量生産のためどうしてもデザインされた部分がチープな素材やつくりになっていて、アラフォー世代が着ると安っぽく見えてしまいます。また目立つデザインは他の人と被るとすぐにわかってしまい、気まずい思いをすることも。おすすめはシンプルなデザインのアイテム。被っていてもわかりづらいですし、アクセサリーでアレンジすればぐっと上品に。

また、全身プチプラで固めず、質の良いものと組み合わせるのも高見えのコツです。特にバッグや靴、ストールやアクセサリーなどに上質なアイテムを持ってくると上品に高見えさせることができます。

きれいめコーデが好きで流行りのスニーカーが苦手。スニーカー選びのポイントが知りたい！

フェイクレザーのスニーカーなら大人も履きやすい

スニーカーは今やスポーツやレジャーシーン以外でも履く、ベーシックな靴になりました。歩きやすく子育て中のママにとっても便利なのでワードローブにぜひ加えたいアイテムです。きれいめコーデが多い人は、素材に注目して選びましょう。フェイクレザーのスニーカーなら、キャンバス地に比べて、カジュアル感が薄くきれいめなパンツやスカートとも好相性です。

色は汚れが気になるからと黒を選んでしまうとどうしても足元が重たい印象になりがちなので、1足目は足元に軽さを作ってくれる真っ白がおすすめ。

白スニーカーは、きれいめスタイルに程よい抜け感を与えてくれるので、ぜひ取り入れてみてくださいね。

ベーシックアイテムを買うようにしていますが、なんか地味になります

ベーシックアイテムとトレンドアイテムを組み合わせる

ベーシックアイテムばかりでコーディネートすると、デザインがシンプルなだけに、無難な感じになってしまいますよね。私はよくコーディネートを「定食」にたとえるのですが、ベーシックアイテムは定食でいうところのご飯にあたります。どんなおかずとも合いますが、ご飯ばかりじゃ味気なくなるのは当たり前。そこで、おかずや汁物にあたるのがトレンドアイテムです。ポイントとなるトレンドアイテムを投入することでコーディネートもバランスよくまとまります。ベーシックなアイテムに、思い切ってその年の流行のカラーやデザインのアイテムを組み合わせてみましょう。

トレンドアイテムが苦手な人はネックレス、ブレスレットなどのアクセサリーを多めにつけてベーシックアイテムを華やかにするのがおすすめです。

差し色や柄のアイテムを着る勇気が出ない！おすすめの取り入れ方を教えてください

ボトムスで取り入れるのが一番簡単でおすすめです

カラーや柄のアイテムは、着慣れていないと抵抗がありますよね。初心者さんにはボトムスで取り入れるのがおすすめです。カラーや柄のアイテムはインパクトがあるため、顔から近いトップスで取り入れると、似合う、似合わないがはっきり分かれやすいです。その点ボトムスなら顔から離れているので、似合わせやすくおしゃれ上級者に見えますよ。柄の場合は大柄だとインパクトが強いので、小さいドットや細めのストライプなど控えめな柄からトライしてみましょう。

またバッグや靴、靴下などの小物で、見える面積を控えめにするのも、取り入れやすくて、コーデのポイントになりおすすめです。Chapter3のルールで解説をしたように、ベーシックカラー2色+差し色カラー1色になり、コーデがまとまります。カラーや柄のアイテムは気分も上がるので、ぜひチャレンジを。

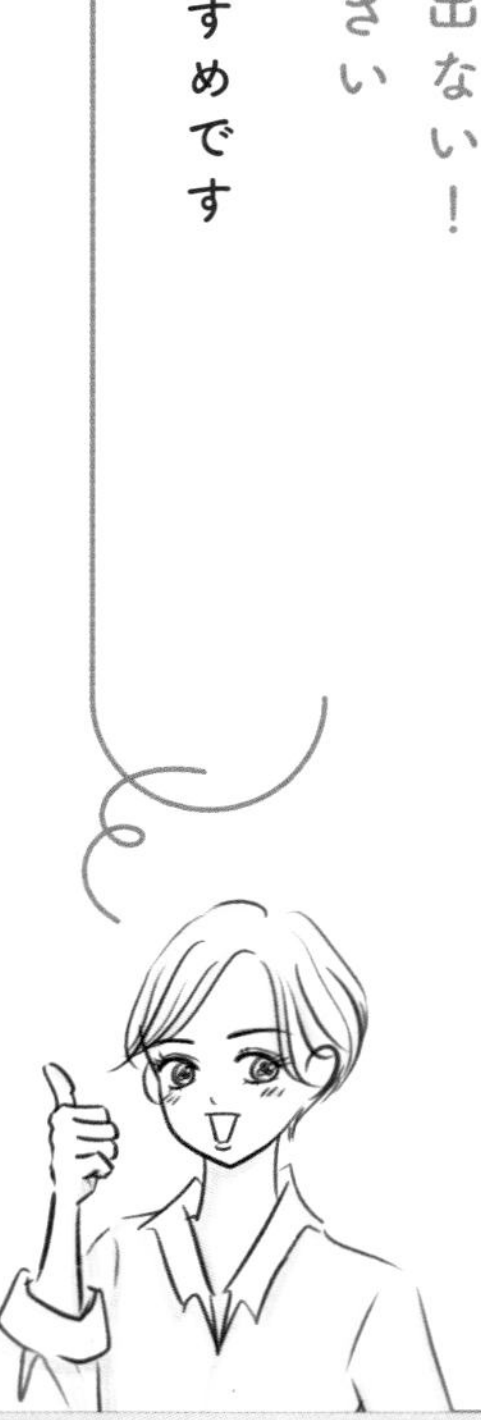

子どもの運動会、何を着ていったらいいかわからない！

きれいめ2対カジュアル8のバランスで着こなそう！

運動会コーデに悩むママが非常に多いのは、カジュアルな「子ども」アイテムと年齢を重ねた顔や体形のミスマッチが起こり、違和感を覚えるから。とはいえ、運動場に座ったり、親子競技に参加したりするので動きやすさも大切。そこで実践してほしいのがChapter3で紹介した、ルール1のきれいめとカジュアルの配分です。運動会や公園遊び、自転車送迎など、動きやすさを重視するシーンでは、きれいめ2対カジュアル8でコーディネートしてみましょう。全てカジュアルのアイテムで統一してしまうとどうしても野暮ったくなるので、少しだけでもきれいめアイテムをプラスするのがポイントです。

haruka's運動会コーディネート

ボトムスがデニムでもシャツを羽織ったり、バッグをレザーにしたりして、どこかにきれいめ要素を投入してみましょう。
また小さめのイヤリングをつけたり、リップにはっきりした色を塗ったりすることで女性らしさをプラスでき、スポーティーすぎるのを防げます。

カラーアイテム×
黒のジョガーパンツ

きれいめ

カジュアル

きれいめ

カジュアル

カジュアル

カラーアイテムを投入すると野暮ったくならず、華やかさがアップ。サングラス代わりに伊達メガネをプラスするとカジュアル感を引き締めてくれます。

デニムコーディネートは
シャツできれいめを
プラス

きれいめ

カジュアル

カジュアル

カジュアル

風や日焼け対策のシャツはきれいめに見せてくれる便利なアイテム。デニムと合わせてもカジュアル度強めになりすぎない印象に。

卒入学などのセレモニースーツが老け見えします！

セットアップは老け見えせず、着回しもできて便利

「セレモニー服といえばネイビーか黒のスーツでしょ」と試着してみるも、鏡に映った姿がおばさんぽくてびっくり!!　なんて経験はありませんか？　最近ではセレモニー服もカジュアル化してきて画一化された正解がなくなり、おしゃれな着こなしが受け入れられるようになった一方、どこまでが正解なんだろう……と悩む人も多いかと思います。

そんな人におすすめなのは同じ素材のトップスとパンツの「セットアップ」です。上下ばらばらにも着用できるので卒業式、入学式と組み合わせを変えて着回すこともできますし、コーデ次第で普段着としても使えます。また、スカート派の方には膝が隠れるワンピースがおすすめ。ジャケットを羽織ったりアクセサリーで印象を変えたりするこ

とができます。色も昔と変わり、ベージュやグレーと選択肢も多くなってきましたが、卒業式は黒やネイビーが望ましいです。学校によっても雰囲気が違うので、先輩ママや先生に事前にリサーチして様子を聞いてみるのもいいですね。

haruka'sフォーマルコーディネート

程よいタイトなシルエットが大人スタイルに

5分袖のややタイトめのワンピースなので、露出部分が少なくフォーマルシーンにもOK。小物も黒にしてシンプルにまとめることで上品に決まります。

セットアップは小物できちんと感を

グレージュのセットアップは柔らかな印象になり、セレモニーもOK。パールネックレスとパンプスを合わせてきちんと感をプラス。

普段使いにも!

デニムと合わせたきれいめカジュアル

セットアップの上だけを使って、デニムと合わせて小物とバッグをカジュアルにすると、普段着に!

オフィスカジュアルが難しいです。何を着たらいいかわかりません

きれいめ8対カジュアル2でまとめると清潔感のあるコーデに

最近では従来のようなかっちりしたオフィスコーデは少なくなり、ほぼ普段着と変わらないようなオフィスカジュアルを可としている会社も多くなりました。

自由度があるとはいえ、会社の規則を守るのは前提として、オフィスカジュアルで一番大切なのは「清潔感」です。「清潔感」というとイメージしにくいかもしれないので、逆にオフィスにＮＧな例を挙げてみますね。

- 丈の短いスカートやダメージ加工の入ったデニム
- 派手な色柄物やラメなどのトップス
- 肌の露出や透け感が強いトップス

haruka'sオフィスカジュアルコーディネート

●シワが目立つ服

「カジュアル感が強いもの」「派手で露出が多いもの」はNGです。社内の方にはもちろん来客にも印象のいいコーデが基本。会社の雰囲気にもよりますが、コーデの配分はきれいめ8対カジュアル2にして、いつもよりちょっときれいめを意識すると間違いありません。例えばトップスがTシャツなら控えめな細めのネックレスをプラス、ボトムスはきれいめのワイドパンツ、靴はパンプスを合わせるときれいめが多くなり、清潔感のあるオフィスカジュアルが完成します。

パステルカラーセーターはマーメイドスカートで上品に

パステルカラーはオフィスにも使えて優しい印象に。スカートは裾が広がりすぎないものを選ぶとデスクワークの邪魔になりません。

色のトーンを統一した清潔感のあるコーデ

白、ライトベージュ、ブラウンの3色コーデで柔らかなトーンにまとめることで、Tシャツでも上品なオフィスコーデが完成！

お腹がぽっこりしているから、服がうまく着こなせません……

ボトムスは、すっきりシルエットを選んでメリハリコーデを

お腹ぽっこりさんはお腹周りを隠そうとして、上下だぼっとしたシルエットのものでコーデしてしまいがち。どうしても全体的にルーズな印象になってしまい、さらに太って見えてしまうことも。

おすすめはあえてボトムスにすっきりしたシルエットを合わせた、メリハリコーデ。トップスは少しゆったりしていてもボトムスがシャープだとすっきりした印象になります。気になるお腹周りは、無理してトップスインせず、前後差のあるヘムラインや、サイドスリットのあるもので自然にカバーするとスタイルアップします。

OK

ペプラムデザインで
自然にお腹を
カバー

NG

メリハリコーデで
シャープに見せる！

ペプラムのトップスなら、お腹をカバーしつつ、すっきり見せてくれます。下半身はコンパクトにしてメリハリをつけましょう。

お腹を隠そうとして
大きめのシルエットを選んでしまう

ウエスト周りを隠す上下ゆったりシルエットのコーデは、どうしてももっさりして見えがちです。

OK

アクセサリーの
華やかさで
顔周りに視線を

NG

トップスはインせず
ヘムラインでバランスを

トップスはインせず、裾幅がゆったりしたラウンドヘムやスリット入りを選ぶとお腹周りが気になりません。アクセサリーをプラスして目線をそらして。

ゴムやギャザーで
お腹周りがもっさり

一見お腹を隠してくれそうなギャザーボトムスですが、ギャザーの厚みでよりお腹周りが目立つことに。またトップスインもNGです。

低身長なので、バランスよく着こなせません

ハイウエスト、Iラインを作って縦ライン効果でスラリと見せる

低身長さんは重心が下がらないことと、体に合ったサイズを選ぶことが重要です。チュニック丈のトップスは、重心が下がってしまい、胴が長く、脚が短く見えてしまいます。トップスにやや短い丈のものを合わせたり、ウエストインしたりしてウエストの位置を高くすることで脚長に見え、全体のバランスがよくなります。

さらにジレやタイトスカートなど縦のラインを強調するIラインコーデなら、視覚効果ですらっと背を高く見せられます。またオーバーサイズすぎるものは「着られている感じ」になり、バランスが悪くなりやすいため、程よいゆとりのものをおすすめします。

OK

ウエストマークで
目線を上に

NG

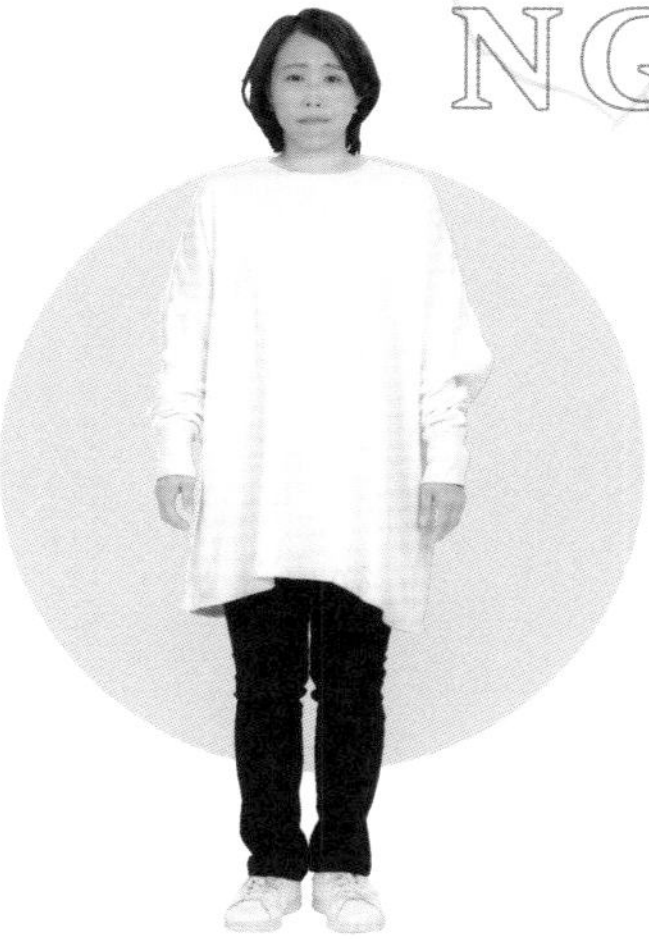

ベルトでウエストマークして
脚長効果を実現するコーデに

トップスインしてベルトでウエストマークすることで、ハイウエストに見せると脚長効果！　短めネックレスでさらに重心が上がりスタイルアップ。

チュニック丈は低身長さんには
長いため、バランスが悪く見える

ママコーデにありがちな組み合わせ。お尻が隠れるチュニック丈のトップスは胴が長く見えて、より身長が低い印象に。

OK

足の甲を見せて
抜け感を

NG

ロングジレとタイトスカートで
縦長のIラインを作り、すっきり

ジレやタイトスカート、シャツやスラックスなど直線的なアイテムでIラインを作りすらっと背が高く！　足首や足の甲を出すのも足元に軽さが出ておすすめ。

Aラインが重心を下げてしまい
重い印象に見えてしまう

裾幅の広いマキシ丈スカートは重心が下がり、目線が下に集まってしまいがちに。Aラインが余計に低身長に見せてしまう……。

肩幅が広めで、上半身が大きく見えてしまいます……

オーバーサイズのトップスやロングスカートで、目くらまし！

肩幅がある人やいかり肩でお悩みの人は、ぴったりしたトップスや肩にボリュームが出るパフスリーブは苦手。余計に肩が目立ってしまうので、トップスはオーバーサイズのものやドロップショルダーで肩先をカバーしましょう。

ボトムスは裾幅があるフレアスカートやワイドパンツを選んで、重心を下げることで、目線が下がり、肩に視線が集まりません。肩幅がしっかりしているとメンズライクな印象になりやすいので、明るい色を使ったり、きらりと光るアクセサリー使いをしたりフェミニンさを取り入れてみてください。

OK

ボトムスは太めの
ワイドパンツで
視線外し

NG

オーバーサイズのトップスで
肩周りをカバーする

トップスは肩のラインを拾わないオーバーサイズのものを選ぶと柔らかな印象に。長めのネックレスで重心を下げるのもおすすめです。

上下ともジャストサイズで
肩が目立つ着こなし

すっきり見せようとして、逆に悪目立ちしてしまっている例。トップスもボトムスもタイトだと肩に視線が集中してしまいます。

OK

柄のスカートで
目線を外す

NG

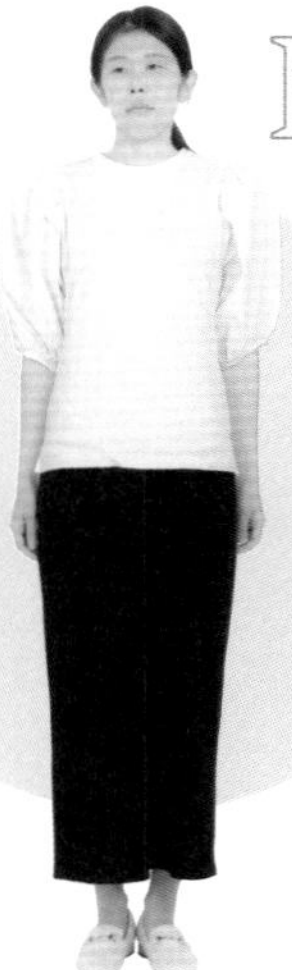

ドロップショルダーで
肩を華奢に見せる

肩のラインが落ちたドロップショルダーは肩に丸みを持たせて華奢な印象に。Aラインのスカートを合わせて重心を下げることで視覚効果が狙えます。

肩幅を強調してしまうギャザーや
タックのデザインはNG

肩周りにギャザーやタックのあるトップスは肩幅をより強調してしまうことに……。ボトムスがタイトだとよけいに視線が肩に向けられてしまうことに。

お尻や太ももが太くて、ボトムス選びに悩む！

Xラインを作ってメリハリのあるコーディネートを

アラフォー世代の体形の一番の悩みは、年々肉付きがよくなるお尻と太もも周り。下半身が太くてパンツスタイルが決まらない！　という声はよく聞きます。定番のテーパードパンツは裾に向かって細くなるシルエットのため、逆にボリュームのある太もも周りが強調されてしまいます。ボトムスは裾に向かってまっすぐ落ちるストレートや広がるワイドパンツならお尻周りが目立たずおすすめ。さらにウエストタックが入ったものを選ぶと、太もも周りにゆとりが入り目立ちません。

また、フレアスカートでウエストラインを絞ったXラインを作ることで自然にお尻周りがカバー。ボトムカラーを濃色にすると引き締め効果も期待できます。

OK

タックで
シルエットを
拾わない

すとんと落ちるシルエットで
お尻周りを拾わない！

裾に向かってゆったり広がるワイドパンツはお尻や太もものシルエットを拾わず、自然に体形カバーが叶います。

NG

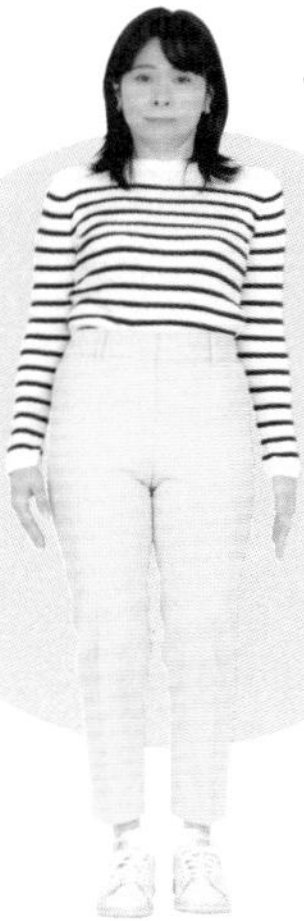

なんだかお尻周りがパツパツに
見えてしまう……

定番のテーパードパンツは、裾に向かって細くなるので、よりお尻のボリュームが目立ってしまいます。

OK

ジャストサイズで
メリハリを

フレアスカートで
Xラインを作る

トップスはジャストサイズを選び、フレアスカートにインすることでウエストを強調しつつ、メリハリのあるXラインに。お尻周りもカバーできます。

NG

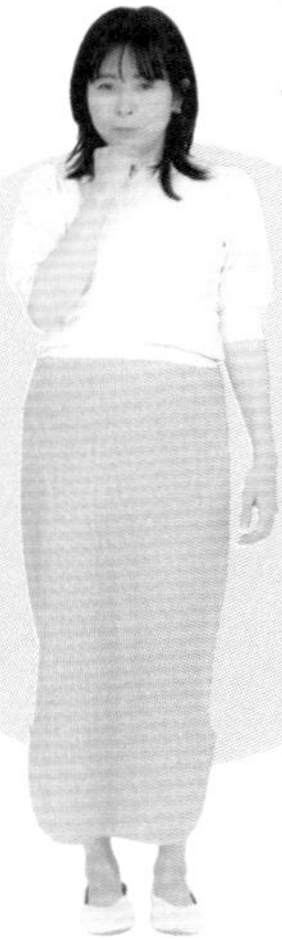

下半身のボリュームが
目立ってしまっている

すっきり見える「Iライン」ですが、逆にお尻周りの肉感を拾ってしまい、スカートスタイルが決まりません。

Column 2

知っておきたいおしゃれのアドバイス

アクセサリーをしないのはノーブラと一緒

アクセサリーは特別な日につけるもので、普段ほどんどつけないという方は多いです。でも、アラフォー世代はぜひ取り入れてほしいマストアイテムです！

アラフォーになると髪や肌のツヤや張り感が乏しくなり、体形もシンプルな服を着るだけだとのっぺりした感じになってしまいます。まさにアクセサリーをしないのはノーブラと一緒で、外には出られません（笑）。

シンプルなTシャツでもネックレスやイヤリングを足すだけで、顔周りが華やかになりコーデにメリハリがつきます！　アクセサリーのきらめきが、失った肌のツヤ感や体形の緩みもカバーしてくれるのです。

何も、イヤリングにネックレスに、バングルにとジャラジャラいっぱいつける必要はありま

せん。ピアス（またはイヤリング）をつけるだけでも十分、コーデのポイントになります。

また、アクセサリーのキラキラ感はやはり気分が上がるもの。高価なものでなくてもよいから、お気に入りものをつけて、おしゃれを楽しみましょう！

アクセサリーなし

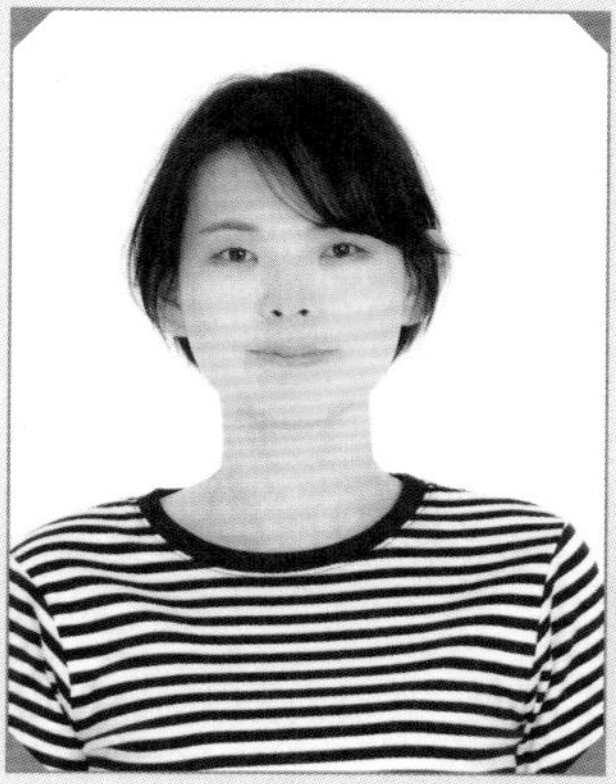

なんだかのっぺりして見えてしまう。寂しい印象に……。おしゃれ度0!

ネックレスをプラス

パール

ゴールドネックレス

パールとゴールドのネックレスをつけるとボーダーTシャツもきれいめに。顔周りもぐっと華やかに！
これなら自信を持って外に出られる！

Chapter

5

試着が面倒、店員さんに話しかけられるのが怖い！

～ショッピング編～

この章ではこんなことが学べます！


クローゼットも整理できたし、おしゃれのルールもコーディネートも学んだら、いよいよ足りない服を買いに行きましょう。

試着しないで買っている、店員さんに声をかけられたら逃げてしまう人、もったいないです。

試着して、理想の服をゲットして、コーデの幅を広げる上手なショッピングのコツをお伝えします。

自分がなりたい方向性が定まり
クローゼットの中も把握したA子
着こなしのルールも勉強したし
足りないアイテムが見えてきたな〜
買い物リスト
スマホ
えへへ〜♪
では足りないアイテムを探しに
ショッピングに行ってみようよ!
えっ!でも私
どこで買えば
いいのか……
いつも店員がいない
お店ばかりだし
オロオロ
そもそも店員さんに
声掛けされるのが怖いし
大丈夫!
お店は
怖くないよ〜
それに
「試着しない」
ということは
大丈夫大丈夫!
料理でいうと
「味見しない」
ことと同じ!
とにかく
行ってみよう!
ぴえん〜
いらっしゃいませ〜
new arrival
これ買い物リストに
入っていたものと
似てるよね
試着して
みない?
甘めブラウス
えっ!
でも私
マネキンとスタイル違うから
似合わないような……
ドキドキ

サイズは1つ下げて Sサイズを着てみて
にこっ
ご無体な！
Sサイズなんて私には無理〜！
サイズは記号でしかなくて
ブランドやデザインによって全然違うの
Aブランドの Sサイズ
ぴったり
Bブランドの Sサイズ
ゆったり
体形を隠そうと大きいサイズを選ぶと
逆に太って見えたりだらしなくみえたりすることもあるのよ
自分の体形に合うサイズは服によって当たり前なんて違うのが当たり前なんだよ
だから試着が重要なの！
ドキドキ…
そうなの？じゃあ着てみようかな
試着室
着てみました〜！
シャーッ

なんかスッキリ見えていいかも……？
Sなので肩幅も袖丈もフィット手首出しで華奢見せできている
ボリュームトップスでもデブ見えしない！
スラ～～ッ
うん素敵！似合ってる～♡
私、Sサイズなんて絶対着れない！って勝手に決めつけて
Lでいいや～っていつも試着もせず適当に選んでた！
じーん
ビッグカラーとか大胆フリルでも肩ガンダムじゃない！
私トレンド服着られるじゃん～
ボトムスはこういうものも合いますよ～♡
ブラウスとスポーティパンツで甘辛ミックスです♡
カーゴパンツ
え!?意外！なるほど～
クローゼットにあった!!
試着すると店員さんからのアドバイスをもらえて
新しい発見になるんだよ～！
ウン
ウン
たしかに!!
新しい自分になれた気がしてなんだか楽しくなってきた！
ワクワク
これ買います～♪
私もおしゃれしていいんだ！

後日
バイバーイ
お迎えきたよ～
さあ帰ろ～♪
ママ～♡
さようなら～
ママ～ 今日ね～ 塗り絵した～
あっA子さん久しぶり！
なんか最近雰囲気変わったね⁉
ママ友
あっ久しぶり～
え、そう？
おしゃれで素敵だなと思って！ 何かあったの？
パァァァ
本当に⁉ 嬉しい！
以前は私おしゃれ迷子だったんだけど
いろいろ学んで最近は服選びが楽しくて仕方なくて
エヘヘ～
子育てにも余裕ができて
え～何それ！ 私も迷子なんだけど！
今度一緒に服屋さんについてきて選んでよ～！
自信がなかった私でもこんな風になれるなんて
おしゃれ楽しすぎ！
先生、ありがとう！
バッチリよ！

店員さんはあなたの友です

お店に行って服を買うのが苦手な人の大半は、「店員さんに話しかけられるのが苦手」「店員さんがおしゃれすぎて引け目を感じる」「買わないといけない圧がつらい」と言います。ちらっと見るつもりが、店員さんに話しかけられてドギマギ……。苦手意識から店員さんがレジ周りにしかいないファストファッションかネット通販ばかりで、接客してくれる店員さんがいる店舗からどんどん足が遠のいてしまう……。

ネット通販で服を買うのもいいのですが、**おしゃれ迷子さんこそ、お店へ足を運んで実際に商品を見て試着し、店員さんにアドバイスを受けてほしいのです。**

お店にはディスプレイをはじめ、コーディネートの参考になるものが溢れているので、見るだけでもおしゃれを学べます。さらに店員さんは着こなしのプロ。どんなものが流行りなのか、何と合わせたらいいのか、どんどん質問すると客観的なアドバイスがもら

えます。店員さんを敵視するのでなく、友人だと思って、おしゃれの相談をして会話を楽しんでみてください。店員さんは自分では思いつかない色の組み合わせやコーディネートの提案をしてくれたりするので、自分の「おしゃれデータ」も蓄積されていくはずです。お気に入りのお店があれば、なじみの店員さんを作るのもいいと思います。

じっくりと見たいときは「今日はゆっくり見せてください」と一言伝えればＯＫ。そうすれば店員さんもむやみに話しかけてはこないので、じっくり商品を見ることができますよ。

店員さんが怖いからという理由で、お店に行かないのは本当にもったいない！　子育てや仕事で忙しい日々だと思いますが、お店に行くことで自分の時間を持つことができるので、ぜひ行ってみてください。ネットではわからない素材感や色味などを実際に見て触れて、そしてぜひ袖を通してほしいです。

試着の回数が勝敗を決める

突然ですが、お店で買うときに試着はしていますか？　試着は面倒だし時間がない、試着したら店員さんにいろいろすすめられて断りにくいという理由で試着せずに購入し、家に帰って着てみたらなんか違う……という経験はありませんか？　そして、その服はほぼ着ないままたんすの肥やしに……。

こんな失敗を防ぐためにもおしゃれ迷子ほど試着は必ずするものと心得てください。試着しないのは、料理でいうと味見をしないのと同じこと。料理も、出来上がるまでに何度か味見して調整しますよね。試着も同じで、サイズはいいかどうか？　ボトムスとのバランスはどうか？　などを細かくチェックするのです。試着せずに服を買うのは賭けのようなもの。

服は広げて見るだけだと平面のイメージになり、実際に袖を通してみないと立体的な

シルエットはわかりません。これが見た目と着たときのギャップを生み、失敗につながってしまうのです。アウターやボトムスだけでなくTシャツ1枚でも試着するようにしましょう。

また、試着は回数をこなすことで、自分に合うサイズ感やシルエット、デザインが明確になっていき、自分の「おしゃれデータ」が増えていきます。いつも着ないデザインでも試着してみると意外と似合う、この色なら挑戦できそう！　などの新しい気づきがあるのも嬉しいポイントです。

なんといっても試着は無料！　お金をかけずにおしゃれの練習ができるのですから、どんどん試してみてください。試着をたくさんすることで、チェックするポイントや似合う傾向がわかるようになり、ますます服選びが楽しくなるはずです。試着しても購入しないときは店員さんに「ちょっと合わなかった」「イメージと違った」と言えば、問題ありません。

自分のサイズを決めつけない

いつもＭサイズだから試着しなくてもＯＫ！　と自分のサイズを決めつけていませんか？　同じＭサイズでも、アイテムやブランドによって全く違います。買ってみたら思ったより大きかった！　短かった！　のようなズレを生まないために、自分のサイズを決めつけずに、試着をするのがおすすめです。

また、試着するときはいつも着ているサイズの前後のサイズも試してみましょう。普段Ｌサイズなら、ＭサイズとＸＬサイズもトライしてみて。サイズ違いを着てみることで、「このアイテムはぴったりめで着るほうがスタイルよく見える」とか「ゆるっと着たほうが肉感を拾わないな」など、いつものサイズ以外がしっくりくる場合もあります。

ありがちなのが体形を隠したくて必要以上に大きいサイズを選んでしまうことです。

オーバーサイズで着ると決まるアイテムもありますが、アイテムによっては、大きすぎることで逆に太って見えたり、だらしない感じになったりしてしまうことも。

私がお客様をコーディネートするときは必ず自己申告のサイズのワンサイズ下も試していただきます。「Mサイズなんて無理！　と思っていたけれどこんなにスッキリみえるなんて！」とサイズを下げて感動された方が今まで本当に多くいらっしゃいました。

もちろんデザインや素材にもよるので一概にはいえませんが、思い当たる方は勇気を出してワンサイズ下もトライしてみてください。

また、自分のおおよその着丈、ウエスト、ヒップのサイズを把握しておくと、ネット通販で服を買うときも便利です。お気に入りの服のサイズを測っておくという方法でも簡単なのでおすすめです。

今の自分に合う服を見つけるためにも、マイサイズは把握しておきましょう。

徹底的にパクる（ＴＴＰ）がおしゃれの近道

コーディネートが考えられない、何をどう組み合わせていいのかわからない人は、はじめはとにかく誰かのコーディネートをマネすることをおすすめします。ビジョンマップ、ＳＮＳのスナップ、店頭のマネキン、なんでもいいです。料理だって献立に悩んだらまずはレシピを調べてマネしますよね？　それと同じです。

特におすすめしたいのは、通販サイトのショップスタッフのコーディネート。雑誌だと身長が高く、すらりとしたモデルさんが着用しているので、自分の体形と違いすぎてなかなかイメージがしにくいもの。通販サイトのスタッフコーデは、一般的な体形の方のリアルなコーディネートなので自分が着用したときのイメージもしやすいです。身長や骨格タイプなどを記載していることもあるので、自分に似た体形の人を探してみるとよいでしょう。また、お気に入りのショップのスタッフのコーディネートもよく見ると

良いです。きっと自分で気がつかなかったコーディネートのアイデアがいっぱい見つかると思います。

そしてただ「おしゃれだな～」と眺めるのではなく、何をどう組み合わせているのかを徹底的にチェックしてみてください。そうすることで自分で気がつかなかったコーディネートのアイデアがいっぱい見つかるはずです。はじめはそうやって素敵だなと思ったコーディネートを徹底的にパクる（TTP）でいいんです（笑）。そしてそのために全身買い直さなくてもクローゼットの中にある近いアイテムで始めればOKです。アイテムをマネするより襟を抜いて着てみる、アクセサリーをつけてみる、シャツはボタンを全部開けて羽織りにしてみるなど、着崩しや小物使いなども参考にすると、さらにおしゃれ度がアップします。

そうやって**見てマネして、トライ&エラーを繰り返すことは一見面倒で遠回りのようですが、実はおしゃれ力を磨く一番堅実な近道**だと思います。

自分の体形に合うショップを「3つ」持っておく

「そもそもどこで服を買ったらいいかわからない！」「アラフォー世代に合う服はどこに売っているの？」という人はとても多いです。

今はたくさんのショップがあるので悩むのも無理はないかと思います。おすすめのお店選びのポイントの1つは、自分の体形に合う服があるかどうかです。

今までの経験の中で、女性の体形のお悩みの7割は「お尻」「お腹」「脚」に関することで、それをうまくカバーできるボトムス選びが重要とわかりました。自分の体形に合うボトムスを揃えるショップを3つほど知っていれば、やみくもにお店探しに奮闘しなくてもよくなります。1つだと服選びに偏りが出てしまうこともあるので、3つほどピックアップしておけば、価格帯やテイストが違うものが見つけられるのでおすすめです。

私は背が高く、昔から合うボトムスがあまりないことが悩みでした。今でこそ「背が

高くていいね」と言われますが、ほとんどのボトムスは寸足らずで、さらに骨盤が横に張り出しているため、お尻が入らなくてファスナーが壊れる……ということも多々ありました（涙）。

ですが、諦めずにいろんなショップで試着、検討を重ねていくうちに「このブランドは股下が長め」「ここのブランドはウエストが大きめ」など、自分の体形に合うブランドが少しずつわかり、服選びがとても楽になりました。おしゃれはトライ&エラーです。いろいろ試してみて、自分に合うショップを3つピックアップしましょう。

また、いつも同じショップにしか行かない方は、たまには違うショップも覗いて試着してみましょう。デザインやシルエット、トレンドの取り入れ方はお店によって違うので、新しい気づきを得ることができます。

142ページにアラフォー世代におすすめのブランドを紹介しているので、ぜひ参考にしてみてください。

Step 3

コーデしやすくするために足りないものを買い足そう！

ビジョンマップで自分の好きとなりたい理想がわかり、クローゼットも整理したら、いよいよ、コーデに足りない洋服を買いに出かけましょう！

買い物の流れ

買い物に行く前

1 買い物リストを作る

2 ネットで下調べしておく

※アラフォーにおすすめのブランドリストを142ページに掲載したのでチェックしてみて！

買い物に行ったら

1 お店で必ず試着をする

2 買い足すアイテムで3コーデできるか考える

3 ショップスタッフのアドバイスを聞いてみる

↓

理想の服get!

ビジョンマップとクローゼットを比較して足りないものが買い足す服です！

おしゃれ迷子さんはビジョンマップにあってクローゼットにないものこそ、本当に必要なアイテム。それをリストアップして予算や使用頻度で優先順位をつけましょう。

いきなり買い物に出かけてもお目当てのアイテム探しに時間がかかってしまうので下調べしておくのがポイント。ネットでリサーチしておくと効率よくお買い物ができるので自分の時間が少ないママさんにもおすすめです。142ページのアラフォーにおすすめのブランドリストも参考にしてみてください！

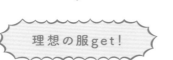

買い物に行ったら

1 お店では必ず試着する

試着は「とりあえずすればOK!」と思っていませんか？　試着はただすればいいというものではありません。試着はするかしないか、ということだけではなく、他にも360度チェックしたり、他のアイテムとコーデを考えたりなど、実はさまざまなチェックポイントがあるのです。
失敗を回避するために、以下の5つのチェックポイントを参考にしてみてください。

試着の5つのポイント

1 合わせたいアイテムと一緒に試着する

単品で試着すると実際の着こなしのイメージが湧いてこないもの。クローゼットにあるものやマネしたいコーデと似たようなアイテムをショップからお借りしてイメージを膨らませましょう。

2 靴を履いて全体のバランスを見る

試着室の中では鏡までの距離が近く全体のイメージがつかみにくいです。特にボトムスは靴を履いて丈感をチェックするので必ず試着室から出て靴を含めた全身のバランスを見てください。

3 明るいところでチェックする

お店によって試着室の照明が暗い場合があり、服の色味や顔映りがわからないことも。お店には明るい場所に大きな鏡があるので、そこで全体のバランスや色味をチェックしましょう。

4 360度チェックする

試着したら前だけでなく横や後ろもチェックしましょう。前はよくても横から見ると太って見えたり、後ろに余計なシワが入ってしまっていることもあります。しゃがんでみたり腕を回したりして、窮屈さがないかどうかも確認しましょう。

5 サイズ違いも試してみる

いつも着ているサイズのワンサイズ上や下を試してみましょう。アイテムによって大きめのサイズのほうが今っぽく着ることができたり、サイズが小さいほうがすっきり見えたりすることがあるので面倒くさがらずに試してみてください。

アイテム別の試着のポイント

トップス、スカート、パンツなどアイテムによって試着するときに特にチェックしたい点は異なります。見落とさないように確認しましょう。

トップス編

試着したら上半身の見え方を確認しましょう。アラフォー世代は特に二の腕やお腹の肉感を拾わずにきれいに見えるか鏡でチェックを。また、襟を抜いたり袖をまくったり、前だけインしてみたり着崩してみると、着こなしのイメージがつきやすいです。

CHECK LIST

- □ サイズ感 二の腕、背中、お腹の肉感を拾っていないか？
- □ 丈感 長すぎてバランスが悪くないか？
- □ 素材 着心地は悪くないか？
- □ デコルテのデザイン 開きすぎていないか？
- □ いろいろな着方をしてみる 襟を抜いたり、袖をまくったりしてみる

ボトムス編

ボトムスは丈感やシルエットがポイントになります。アラフォー世代はすっきりと見せたい人が多いと思うので、靴と合わせて全身をチェックして脚長効果があり、体形カバーをしてくれるシルエットかどうかチェックしましょう。

スカート・ワンピースの場合

スカートはお腹周りや丈感をチェックしましょう。ギャザーがたくさん入ったものだと太って見えたり中途半端な丈感だと脚が太く見えたりします。タイトスカートは座ったりしやすいか、実際に動いて足さばきも確認しましょう。

CHECK LIST

- □ サイズ感 ウエスト周りやお腹、お尻がすっきり見えるか？
- □ 丈感 脚が太く見えていないか？
- □ 素材 肉感を拾わずきれいに落ちるか
- □ 動きやすさ 座ったり、足さばきを確認

パンツの場合

パンツは必ずサイズ違いを試着しましょう。また裾の丈感をぴったり合わせることが大事なので、必ず合わせたい靴を履いて調整するようにしましょう。

裾上げについて

パンツ丈は合わせる靴を決めて裾上げしてください。
裾幅が小さいテーパードはくるぶしにかかる丈、裾幅が大きいワイドパンツは足の甲に少しあたるくらいがバランスがよくなります。

CHECK LIST

- □ サイズ感 お尻・太もも・ふくらはぎの肉感を拾っていないか？
- □ 丈感 ヒールに合わせるのか？　スニーカーに合わせるのか？
- □ 素材 シワになりやすくないか？
- □ シルエット 好みの形かどうか

2 買い足すアイテムで3コーデできるか考えてみる

買い足す服と今、クローゼットの中にあるもので、少なくとも3コーデできるかイメージしてみる癖をつけましょう。3コーデできると1週間に3回は出番があるのでたんすの肥やしになりません。イメージしやすいようにStep2で行ったクローゼットの見直しはマストです！　衝動買いをなくすためにもここは一度冷静になって考えてみましょう。

3 ショップスタッフのアドバイスを聞いてみる

自分でなかなかコーディネートが浮かばないときはショップスタッフにどんなアイテムと合わせやすいか尋ねてみましょう。自分では思いつかないようなコーデの提案や着こなしのポイントを聞けるかもしれません。
もし購入しなかったとしても、きちんとお礼を言ってお店を後にすればOKですよ。

着回しやすくて、
自分の理想に近づけるアイテムget！

Chapter 5 試着が面倒、店員さんに話しかけられるの怖い！ ショッピング編家族に褒められた、前向きになった！

私たち、おしゃれしてよかった！

私が主宰している「Osyare ACADEMY®」の生徒さんたちの、「おしゃれしてよかったエピソード」を紹介します！

素敵なコメントと、アラフォーやりがちコーデからおしゃれになった姿も見てみてください！

m.kさん（39歳）

私は、「おしゃれは別世界のこと、母親はおしゃれしちゃダメ、目立たないようにしないと」と思っていました。でもそれは、できないことを小さな子どもがいるからと、子どものせいにしていることに気がつきました。今は毎月雑誌を買うようになって、「コーデを考える時間＝自分の時間」が取れているということがうれしいです。子どもや仕事のことで生活がいっぱいだったけれど、今では自分はどうしたいのかを考えることができるようになり、資格の勉強まで始めました！

かおりんさん（33歳）

育児でうまくいかなかったとき、「ママは自分のことを我慢してやっているのに！」と子どもにイライラすることが多々ありました。でも、服を買ったりおしゃれをしたりと、我慢せず自分に時間をかけることで、気分も上がり、「私も楽しんでいるんだから大丈夫」と、気持ちに余裕がもてるようになりました！

まず「マインド」が大きく変わりました。カラー・骨格・顔タイプ診断も一通り受けましたが、それだけではあか抜けず、おしゃれになれませんでした。セオリー通りの「似合う」ものを着ても、自分の「好き」と合わなければ、うれしくない。

でもおしゃれの基礎を知って、「似合うものを知って、好きなおしゃれを楽しむ！」ことができるように。朝鏡で見る自分が好きになれば、口角も上がって、不思議とコンプレックスも気にならなくなりました。

eriさん（38歳）

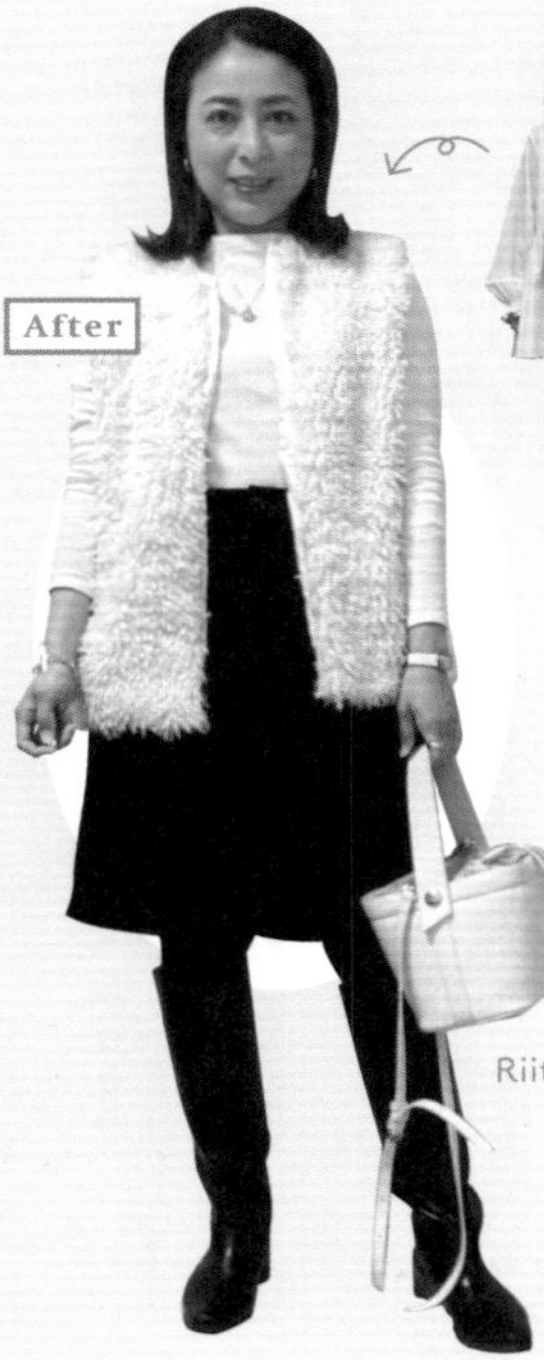

Riitanさん（45歳）

「もう私おばさんだから…」「私太ってるから……」と好きな洋服を着れない理由を探すのをやめました！　好きな洋服は、年齢や体形で「着れない」のではなく、着こなしによって「着れる！」と考えられるようになりました。今ではクローゼットの中は、好きな洋服でいっぱいです。

そして、今は好きなお洋服を着ている自分が好きです！

自分のことが好きになれると、夫にも優しくできている気がします（笑）。

uenonさん（47歳）

気持ちが前向きになり、毎日楽しく過ごせるようになりました。今までは周りを気にしてオドオドしていたけど、自信を持てるようになったので、大らかな気持ちで人と接することができるようにも。更年期を迎えて気持ちがアップダウンしていたのですが、おしゃれを楽しむことで、自分の機嫌を自分で取ることが少しずつできるようになってきたと思います。笑顔でいられる時間が増えたなぁと実感しています！

考え方そのものが変わった！　自分の納得のいくスタイリングをすることで、頑張ってる自分だけでなく、思い通りにいかない、頑張れない自分も肯定してあげられるように。おしゃれは気休めかもしれないけど、その気休めにすごく助けられています。

あまちゃんさん（35歳）

こんじゅさん（40歳）

おしゃれやメイクをしている時間が楽しくなりました♪　気分が明るくなり、家族にも優しくなった気がします。

今まで入りにくかったセレクトショップに入れるように！　周りの人に「今日の服似合っているね」と言われることが増えた！

ミーママさん（38歳）

おしゃれは外見のことだと思っていたけれど内面のことであると気づいた！　コーデを褒めてもらえて、自分に少し自信がつくことで、気持ちが前向きに！

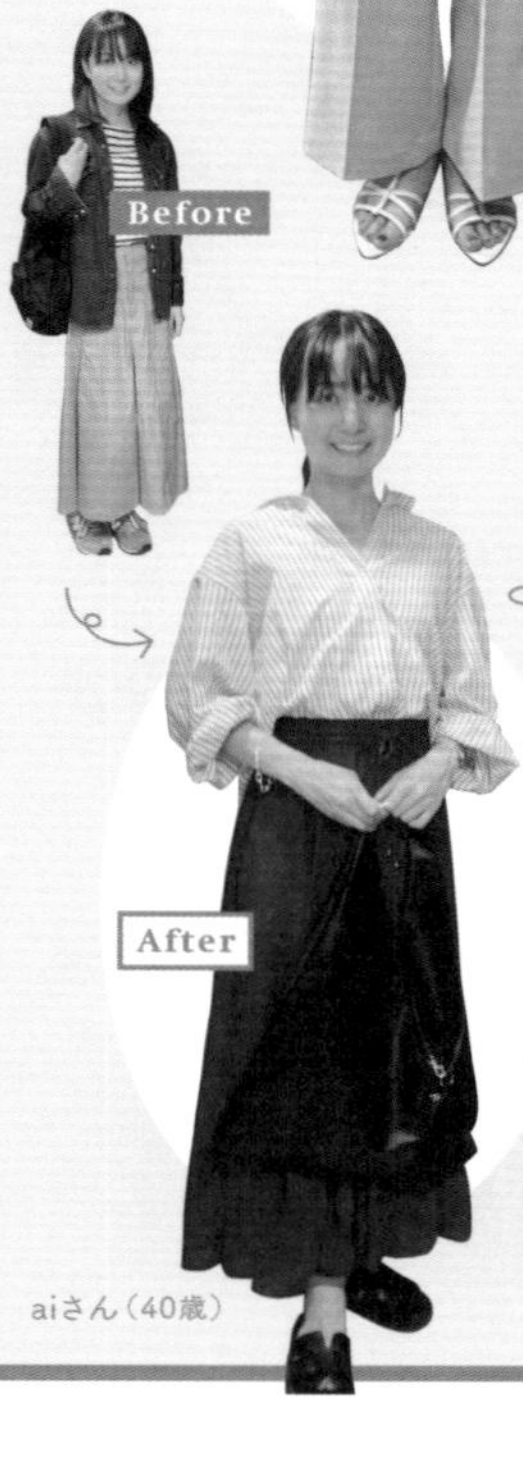

aiさん（40歳）

以前は、今日はこの服でいいか〜という感じで服を選んでいたのですが、今は、今日はこの服を着よう！　これを着たい！　と選んでいます。楽しい気持ちで選ぶと、自然に心がときめいて笑顔になれますよね。

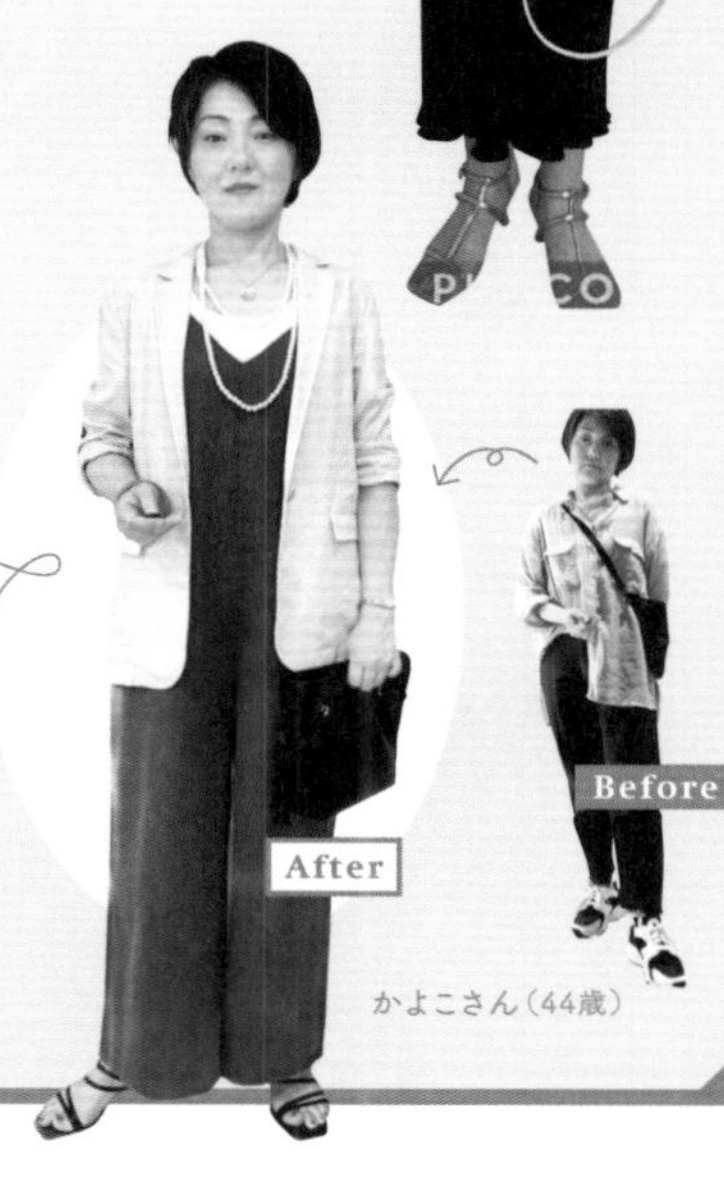

かよこさん（44歳）

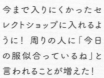

自分を大事にできるようになった！　おしゃれが大好きだった気持ちを再び取り戻せた！ 生活が前向きになった！　試着が好きになった（笑）！

Yukikoさん（42歳）

洋服やメイクが、自分の日々の生活を応援してくれるようになった！

よしえさん（40歳）

まずは友達や子どもの習い事の先生に服を褒められるようになりました！ おしゃれしてちょっと出かけるだけでも、妻や母親など役割のない『自分』としていられることが嬉しかったです。
今の自分がとても好きです！

ankoさん（43歳）

ヘアやメイクなどの洋服以外のことにも新たに挑戦できるようになりました。

りょうちゃんさん（36歳）

家族からの「最近、楽しそうだね！」「ママ今日、可愛いね」の言葉が、私を満たしてくれています。

高橋真智子さん（41歳）

おわりに

この本を手に取ってくださり本当にありがとうございました。

私も産後、皆さんと同じような悩みを抱えていました。何も気にせずおしゃれを楽しんでいた20代の頃を忘れ、離乳食の食べかすが付いた汚れてもいい服を着ては、自分という存在が少しずつ薄れていくのを感じていました。思い悩む日々の中で、やっぱりこのままじゃイヤだという気持ちが溢れ出し、たくさんのトライ&エラーを繰り返しながらおしゃれの基礎力を磨いていきました。

今ではたくさんの女性たちにおしゃれを指導する立場になりましたが、私が本当に伝えたいのは「服が似合わなくなった」のではなく「似合う服が変わった」だけであなた自身の価値は変わらないということです。

もしこの本を読んで、「久しぶりに雑誌を読んでみようかな」「入ったことがないショップに入ってみようかな」「たまにはいつも着ないデザインや色を着てみようかな」と一歩を踏み出す勇気を持ってくれたら、私にとってこんなに嬉しいことはありません。

この本を出版するにあたってお力添えをいただいた「Ｏｓｙａｒｅ ＡＣＡＤＥＭＹ®」の受講生やサポートメンバーの皆様。ここまで私を応援してくださり本当にありがとうございました。

そしてこの本の出版を誰よりも喜び、心待ちにしていた夫と、将来同じ悩みを抱えるだろう7歳の娘に、愛をこめて。

おしゃれって、楽しい！　を日本中の女性に。

２０２４年2月　ｈａｒｕｋａ

ショッピングモールで買える！
アラフォーにおすすめのブランドリスト

どこで服を買ったらいいか、迷ったらこちらのブランドリストを参考に。カジュアルやトレンドアイテムが揃うブランドから、汚れても洗える機能素材が優秀なブランドや、オフィスカジュアル、オケージョンに使えるブランドまで、私がおすすめするポイントでピックアップしました！ どこもおしゃれ迷子のアラフォー世代には心強いブランドですよ！

トレンドアイテムが揃う！

ブランド名	URL	会社名
LOWRYS FARM	https://www.dot-st.com/lowrysfarm/	（株）アダストリア
GU	https://www.gu-global.com/jp/ja/	（株）ジーユー
H&M	https://www2.hm.com/ja_jp/	エイチ・アンド・エム ヘネス・アンド・マウリッツ・ジャパン（株）
ROPÉ PICNIC	https://www.ropepicnic.com/	（株）ジュン
Mila Owen	https://milaowen.com/	（株）マッシュスタイルラボ

おしゃれなカジュアルアイテムが手に入る！

ブランド名	URL	会社名
niko and ...	https://www.dot-st.com/nikoand/	（株）アダストリア
AMERICAN HOLIC	https://stripe-club.com/american-holic/	（株）ストライプインターナショナル
BAYFLOW	https://www.dot-st.com/bayflow/	（株）アダストリア
coca	https://cocacoca.jp/	（株）adapt retailing

機能素材が優秀！

ブランド名	URL	会社名
UNIQLO	https://www.uniqlo.com	（株）ユニクロ
GLOBAL WORK	https://www.dot-st.com/globalwork/	（株）アダストリア
OPAQUE.CLIP	https://store.world.co.jp/s/brand/opaque-clip/	（株）アルカスインターナショナル

オフィスカジュアルにぴったりなアイテムが揃う

ブランド名	URL	会社名
OPAQUE.CLIP	https://store.world.co.jp/s/brand/opaque-clip/	（株）アルカスインターナショナル
ROPÉ PICNIC	https://www.ropepicnic.com/	（株）ジュン
NATURAL BEAUTY BASIC	https://store.saneibd.com/naturalbeautybasic	（株）サンエー・ビーディー
niko and ...	https://www.dot-st.com/nikoand/	（株）アダストリア

親子コーデができる!

ブランド名	URL	会社名
coca	https://cocacoca.jp/	(株)adapt retailing
B:MING by BEAMS	https://www.beams.co.jp/bming/	(株)ビームス

オケージョンアイテムも買える!

ブランド名	URL	会社名
GLOBAL WORK	https://www.dot-st.com/globalwork/	(株)アダストリア
OPAQUE.CLIP	https://store.world.co.jp/s/brand/opaque-clip/	(株)アルカスインターナショナル

STAFF

ブックデザイン　岩永香穂(MOAI)
イラスト　yopipi
撮影　島本絵梨佳
校正　麦秋アートセンター
DTP　山本秀一、山本深雪(G-clef)
ヘア　若杉里紗
アシスタント　山岡明由、柴田真子
編集　百田なつき
宇並江里子(KADOKAWA)

Special Thanks

P107　安田紗織さん(155cm)
P109　成宮智子さん(150cm)
P111　石川亜季さん(170cm)
P113　M.Kさん(156cm)

体形お悩みページにモデルとして登場してもらいました!

衣装協力
I NEED MORE SHOES
(ASIAN BEE株式会社)

※この本の収益の一部を、乳がん患者を支援する団体に寄付いたします

田部晴香

大手アパレル企業にデザイナーとして勤務後、2021年パーソナルスタイリストとして独立。「出産・子育てを経ておしゃれがわからなくなったアラフォー世代を救いたい」という思いで、Instagramでコーディネート術を発信し、また、おしゃれを理論で学べるオンラインスクール「Osyare ACADEMY®」を立ち上げる。卒業生は延べ300人以上にのぼり「おしゃれが楽しくなった！」「自己肯定感が上がった！」と評価されている。現在はスクール運営のほか、アラフォー世代に向けたパーソナル診断の講座やバッグ・服の販売を手掛ける。

Instagram　@h_styling　YouTube　@osyareacademy　@harukastyling
blog　https://ameblo.jp/harukaede19841012

イラスト・漫画　yopipi

イラストレーター。主にプチプラファッション・コスメ・育児イラストを描き、女性のコーデイラストを得意とする。ファッションコラムを『ウーマンエキサイト』『オトナサローネ』『マイナビウーマン』などの女性向けメディアに寄稿。著書に『オトナ女子のための極上プチプラコーデ1year』（日本文芸社）がある。

Instagram　@yopipi1127　X　@yopipi1127
blog　https://ameblo.jp/yopipi1127

今《いま》までの服《ふく》がなんだか似《に》合《あ》わないんですが、こんな私《わたし》でもどうにかなりますか？

2024年2月29日　初版発行

著	田部晴香《たなべはるか》
イラスト・漫画	yopipi《よぴ》
発行者	山下直久
発行	株式会社KADOKAWA
	〒102－8177　東京都千代田区富士見2－13－3
	電話0570－002－301（ナビダイヤル）
印刷所	図書印刷株式会社
製本所	図書印刷株式会社

●お問い合わせ
https://www.kadokawa.co.jp/（「お問い合わせ」へお進みください）
※内容によっては、お答えできない場合があります。
※サポートは日本国内のみとさせていただきます。
※Japanese text only

定価はカバーに表示してあります。

ISBN 978-4-04-606743-2　C0077